W0207771

Konzentrations-training für Kinder

Helfen Sie Ihrem Kind mit lustigen und hilfreichen Spielen und Übungen konzentriert zu lernen
(für Schulkinder von 5-13 Jahren)

Richard Faber

Inhaltsverzeichnis

Was bedeutet Konzentration und warum ist sie wichtig? 5

Konzentrationsprobleme 9

Was beeinflusst die Konzentration? 9

Konzentrationsprobleme erkennen 11

Konzentrationsdiebe 23

Wie wird Konzentration erlernt? 27

Welche Konzentrationsleistungen sind normal? 27

Lerntypen 28

Der visuelle Lerntyp 29

Der auditive Lerntyp 30

Der motorische Lerntyp 31

Der kommunikative Lerntyp 32

Welcher Lerntyp ist Ihr Kind? 32

Was können Eltern tun? 35

Langfristige Methoden 41

Konzentrationsspiele - Gedächtnis 50

Übungen Für Kinder im Alter von 5 – 7 Jahren 50

Übungen Für Kinder im Alter von 8 – 10 Jahren 53

Übungen Für Kinder im Alter von 11 – 13 Jahren 56

Konzentrationsspiele - Auditive Konzentration 59

Übungen Für Kinder im Alter von 5 – 7 Jahren 59

Übungen Für Kinder im Alter von 8 – 10 Jahren 61

Übungen Für Kinder im Alter von 11 – 13 Jahren 63

Konzentrationsspiele – Vielfalt 66
Übungen Für Kinder im Alter von 5 – 7 Jahren 66
Übungen Für Kinder im Alter von 8 – 10 Jahren 68
Übungen Für Kinder im Alter von 11 – 13 Jahren 71
Konzentrationsspiele – Bewegung 75
Übungen Für Kinder im Alter von 5 – 7 Jahren 75
Übungen Für Kinder im Alter von 8 – 10 Jahren 78
Übungen Für Kinder im Alter von 11 – 13 Jahren 81
Konzentrationsspiele – In der Schule 84
Übungen Für Kinder im Alter von 5 – 7 Jahren 84
Übungen Für Kinder im Alter von 8 – 10 Jahren 88
Übungen Für Kinder im Alter von 11 – 13 Jahren 91
Kinesiologie 96
Yogaübungen für Kinder 100
Meditationsübungen für Kinder 103
Impressum 110

Einleitung

Fernsehen, Handy, Videospiele – permanent strömen verschiedene Einflüsse auf uns Menschen ein. Aber das führt meist nur zu einem: Reizüberflutung. Wir sind heillos überfordert, wissen nicht, worauf wir zuerst unsere Aufmerksamkeit lenken sollen und machen am Ende gar nichts. Jeder war schon einmal in einer solchen Situation, versuchen Sie sie noch einmal vor Ihrem inneren Auge heraufzubeschwören. Fühlen Sie den Stress, die Angst, die Unzulänglichkeit? Und nun stellen Sie sich das ganze aus der Perspektive eines Kindes vor. Sind die Eindrücke nicht noch intensiver, die Gefühle unbeherrschter und der Drang sich davon abzuschotten nicht noch ungehemmter?

Kinder sind viel schneller überfordert, ziehen sich zurück, lassen sich leichter entmutigen und geben auf. Das ist aber besonders nicht gut in einer Situation, in der sie eigentlich etwas lernen sollen. Viel zu selten versetzen sich Erwachsene in Kinder hinein, treiben sie eher noch weiter an und das kann negative Folgen haben und den Rückzugsprozess sogar beschleunigen. Hier setzt dieses Buch an, denn ich möchte allen Eltern, Lehrern und Lehrerinnen und anderen Aufsichtspersonen zeigen, wie sie den Kindern helfen, sich besser zu konzentrieren, leichter zu lernen und ein Gleichgewicht zwischen Schule und Freizeit zu finden.

Viel Spaß und viel Erfolg.

Was bedeutet Konzentration und warum ist sie wichtig?

Der Begriff Konzentration stammt aus dem Lateinischen und bedeutet übersetzt in etwa „zusammen zum Mittelpunkt". Unter Konzentration versteht man die Fähigkeit, seine ungeteilte Aufmerksamkeit willentlich auf eine bestimmte Tätigkeit, Sache oder ein spezielles Thema zu fokussieren, um so ein Ziel bzw. die Lösung einer gestellten Aufgabe zu erreichen. Konzentration ist eine Fähigkeit, die nicht angeboren, sondern vielmehr das Resultat von Lern- und Reifungsprozessen ist, er lässt sich aktiv steuern. Die Entwicklung der Konzentrationsfähigkeit ist ein langjähriger Prozess, auf welchen Eltern unterstützend und aktiv einwirken können. Kinder lernen jedoch mit zunehmendem Alter zumeist von selbst aufmerksamer zu werden und sich vermehrt konzentrieren zu können. Dennoch ist es besonders am Anfang sinnvoll die Kinder bei der Entwicklung ihrer Konzentrationsfähigkeit zu unterstützen.

Die Konzentration markiert einen wichtigen Eckpfeiler des Lebens, Lernens und Denkens und ohne sie würde die notwendige Aufmerksamkeit fehlen. Konzentration ist für viele Aufgaben unerlässlich und Voraussetzung, um leistungsfähiger zu sein, weniger Fehler zu begehen und effizientere Ergebnisse in kürzerer Zeit zu liefern. Eine gute Konzentrationsfähigkeit beeinflusst die persönlichen Leistungen in jedem Bereich des Lebens positiv. Des Weiteren sind innere Ruhe und Ausgeglichenheit Resultate von guter Konzentrationsfähigkeit. Das Erreichen von bestimmten Zielen dank ausreichender Konzentration, von denen man im Vorfeld nicht erwartet hätte, dass man diese erreichen würde, hat gesteigertes Selbstvertrauen zu sich und seinen Fähigkeiten zur Folge. Täglich einströmende Informationen können mittels Konzentration besser verarbeitet und Sachverhalte leichter erfasst und gespeichert werden. Je höher bzw. besser die Konzentration eines Menschen ist, desto länger ist dieser in der Lage, sich auf sein Ziel zu fokussieren.

Leider gehören Aufmerksamkeits- und Konzentrationsstörungen zu den wesentlichen Erscheinungen moderner, schnelllebiger Gesellschaften, welche durch Reizüberflutungen geprägt sind. Die eigene Aufmerksamkeit über einen bestimmten Zeitraum auf eine Sache auszurichten, fällt immer mehr Menschen zunehmend schwer. Motivationsprobleme, Vergesslichkeit, Unaufmerksamkeit, leichte Ablenkbarkeit und Zerstreutheit sind einige Symptome, die auf eine verringerte Konzentrationsfähigkeit hindeuten können.

Bei Kindern sind Konzentrationsprobleme besonders drastisch, da der Lernzuwachs in jungen Jahren am größten ist. Schwierigkeiten in der Konzentration können schnell enorme Wissenslücken entstehen lassen. Immer wieder kann beobachtet werden, wie das Kind in seinen Gedanken abschweift und sich durch externe Reize ablenken lässt. Es kann die verlangten Aufgaben nicht oder nur schwer in der geforderten Zeit erfüllen, wodurch sich Flüchtigkeitsfehler einschleichen und negatives Feedback aufkommt. Durch Frustration und Verunsicherung steigt die Fehlerquote und schlechte Noten, Aufsässigkeit, Rückzug, Unzufriedenheit und schlechte Laune sind das Resultat. Einige Kinder entwickeln sich sogar zu Schulschwänzern und vermeiden konzentrationsintensive Aufgaben gänzlich.

Für Kinder mit Konzentrationsschwierigkeiten entwickelt sich das Gefühl, mit vielen Zuweisungen in ihrer Umwelt konfrontiert zu sein. Oftmals wird ihnen Motivationsmangel, Faulheit oder eine ablehnende Haltung vorgeworfen. Mit einer solchen Kennzeichnung wird dem Kind per se ein Problem nachgesagt und es wird dementsprechend auch so behandelt. Die temporäre Konzentrationsschwäche wird auf einmal auf die gesamte Person übertragen. Das Kind fühlt sich unverstanden und ist unglücklich. Ein Teufelskreis der Entmutigung beginnt.

Aus diesen Gründen ist es unabdingbar, die Konzentrationsfähigkeit Ihres Kindes nachhaltig zu fördern. Kinder profitieren noch bis ins Erwachsenenalter von einer guten Konzentrationsfähigkeit. Zur Förderung der Konzentration Ihres Kindes eignen sich am besten die Methoden, die Ihrem Kind Spaß machen und speziell auf Kinder ausgerichtet sind. Konzentrationstrainings eignen sich prinzipiell für alle Kinder, doch insbesondere für die Kinder, bei denen Konzentrationsschwierigkeiten deutlich erkennbar sind und bei Kindern mit Symptomen des Aufmerksamkeits-Defizit-Syndroms (ADS/ADHS) mit oder ohne Hyperaktivität. Konzentration kann nur durch konstantes Training verbessert werden und ist keine reine Sache des Willens. Vermeiden Sie hohe Erwartungen und zu viel Druck und achten Sie darauf, dass Ihr Kind gerne an den Aktivitäten teilnehmen möchte. Lob, Ermutigung und Anerkennung sind dabei wichtige Säulen im Training Ihres Kindes und auch positives Feedback wird die Motivation Ihres Kindes ungemein stärken.

Konzentrationsprobleme

Was beeinflusst die Konzentration?

Von Konzentrationsproblemen ist erst dann die Rede, wenn sich ein Mensch in keinem einzigen seiner Lebensbereiche über eine längere Zeit fokussieren und konzentrieren kann. Das heißt, auch beim Spielen oder Sport fällt es solchen Kindern schwer sich über einen längeren Zeitraum darauf zu fokussieren. Dann wollen sie plötzlich was anderes spielen oder eine andere Sportart machen.

An sich gibt es verschiedene grundlegende Faktoren, die die Konzentrationsfähigkeit Ihres Kindes beeinflussen. Die Konzentrationsfähigkeit kann also entweder erschwert oder aber auch begünstigt werden. Qualitativ und quantitativ hochwertiger Schlaf, eine ausgewogene und gesunde Ernährungsweise und psychische Gesundheit sind essenzielle Komponenten für gute Konzentrationsleistungen. Sobald Körper und Geist Mängel aufweisen und dadurch beeinträchtigt werden, sind sowohl Erwachsene als auch Kinder nicht mehr vollständig leistungsfähig. Auch eine unzureichende und unregelmäßige Zufuhr von Kalorien und wichtigen Nährstoffen bewirken einen Leistungsabfall und können Konzentrationsstörungen verursachen. Die Ernährung Ihres Kindes sollte vor allem gesund und ausgewogen sein, wobei eine große Vielfalt an Lebensmitteln die Basis sein sollte.

Konzentrationsprobleme sind häufig auch auf Stress und emotionale Unausgeglichenheit zurückzuführen. Darüber hinaus ist die Konzentration von der Motivation bzw. der allgemeinen Einstellung einer Aufgabe gegenüber abhängig. Konzentrationsprobleme können auch dann auftreten, wenn Ihr Kind eine geringe Frustrationstoleranz hat und sich aufgrund dessen nicht allzu lange auf eine Sache konzentrieren kann und vorschnell aufgibt. Des Weiteren wird Konzentration durch fehlende Übung und Erfahrung beeinflusst. Eigene Fähigkeiten, die Umgebung inklusive vielfältiger Möglichkeiten zur Ablenkung und die grundlegende Sache an sich können die Konzentrationsfähigkeit zudem beeinflussen. Deshalb ist es wichtig, eine ruhige und einladende Umgebung für das Kind zu schaffen, in der potenzielle Störfaktoren entfernt werden, um so Reizüberflutungen und Ablenkungen vorzubeugen. Inwiefern eine Tätigkeit bzw. eine Sache von persönlichem Interesse für einen ist und ob man überfordert ist oder nicht, ist außerdem bedeutsam für die Konzentration. Vor allem bei Kindern ist dies oft zu beobachten. Wenn sie in der Schule überfordert sind, schalten sie ab und wenden sich anderen Dingen zu, die für sie interessanter sind. Aber auch bei einer Unterforderung ist dieses Verhalten wiederzuerkennen. Einige Kinder wissen nicht, wie sie Aufgaben und Projekte planen und erfolgreich umsetzen sollen. Sie arbeiten ohne System, sind unstrukturiert, sie verfangen sich und die Lustlosigkeit nimmt immer mehr zu.

Positiv beeinflusst werden kann die Konzentrationsfähigkeit Ihres Kindes, wenn es sich selbst für etwas entscheiden darf und selbstbestimmt handelt. Dabei dürfen Sie natürlich mitwirken, jedoch macht es einen deutlichen Unterschied, wenn das Kind in die Auswahl mit einbezogen wird, anstatt dass ihm/ ihr eine Sache aufgezwungen wird.

Konzentrationsprobleme erkennen

Störungen in der Konzentration und der Aufmerksamkeit sind moderne Erscheinungen unserer heutigen Gesellschaft, da oftmals viel zu viele Reize gleichzeitig gegeben sind. Folglich kommt es zu einer Reizüberflutung, wodurch die Reize nicht mehr alle richtig verarbeitet werden können. Ihr Kind hat keine Zeit mehr abzuschalten und kann sich nicht länger auf eine Tätigkeit konzentrieren. Um die Wahrscheinlichkeit einer Reizüberflutung bei Ihrem Kind zu vermindern, sollten Sie die Nutzung technischer Geräte sowie digitaler Medien bewusst gestalten. Reflektieren Sie die tägliche Nutzung, denn oft ist einem nicht bewusst, wie hoch die Nutzungsdauer digitaler Medien am Tag tatsächlich ist. Stellen Sie die Benachrichtigungen von Smartphones, Tablets und Co. aus und zögern Sie nicht, diese Geräte zwischendurch abzuschalten. Schaffen Sie stattdessen eine ruhige Atmosphäre für Ihr Kind, in der es nicht mit verschiedenen Sinneseinflüssen überfordert wird.

Kinder werden schon früh einem Kreislauf aus Stress und Hektik ausgesetzt, da sie oft unter großem Zeitdruck viele Dinge simultan erledigen müssen. Die Konzentrationsfähigkeit steht durch innere und äußere Rahmenbedingungen unter ständiger Beeinflussung, wobei diese Einwirkungen die Konzentrationsfähigkeit von Kindern deutlich mehr bestimmen als genetische oder organische Faktoren.

Der Zuwachs und das Erlernen von Fertigkeiten und Wissen sind im Kindesalter am größten und Konzentrationsprobleme können vermehrt auftreten. Einschränkungen der geistigen Leistungsfähigkeit und Wissenslücken sind dabei häufige Folgen und können sich auf alle Lebensbereiche auswirken. Besonders in der Schule können Schwierigkeiten bei der Konzentration gravierende Auswirkungen haben. Unstrukturiertes und planloses Lernen führen nicht selten dazu, dass die erforderlichen Leistungen nicht erbracht werden können. Misserfolge treten vermehrt auf. Daraus resultiert, dass die Kinder nur noch unmotivierter sind. Der Teufelskreis nimmt seinen Lauf.

Für Konzentrationsprobleme gibt es viele verschiedene Auslöser. Oft sind Konzentrations-probleme nicht nur auf die Gesellschaft zurückzuführen, sondern viele Schwierigkeiten können weitaus gewöhnlichere Ursprünge haben. Bei einer Vielzahl von Kindern treten diese Probleme besonders dann auf, wenn sie etwas erledigen sollen, was ihnen keinen Spaß bereitet und worauf sie keine Lust haben. Zudem können Schlafmangel und emotionale Unausgeglichenheit zu psychischen Belastungen führen und ebenfalls hinter den Konzentrationsproblemen Ihres Kindes stecken. Schlafmangel reduziert aufmerksamkeitssteuernde Aktivitäten in bestimmten Regionen des Gehirns und senkt die Leistungsfähigkeit Ihres Kindes. Der Körper sendet bei Schlafmangel den Botenstoff Adenosin aus, der die Reaktions- und Konzentrationsfähigkeit hemmt. Andere körperliche Aktivitäten wie beispielsweise das Schmecken oder verschiedene Empfindungen werden unter anderem durch Hormone ausgelöst. Das Gehirn setzt diese Hormone frei, um so bestimmte Aufgaben zu erledigen. Bei Schlafmangel wird diese Freisetzung gestört und es fühlt sich an, als würde man einige Situationen nicht wirklich erleben. Außerdem steigt durch Schlafmangel die Empfindlichkeit gegenüber Insulin, das normalerweise den Blutzuckerspiegel automatisch reguliert. Des Weiteren schwächt Schlafmangel das Immunsystem. Bekommt Ihr Kind ausreichend Schlaf, hat es genug Zeit zu regenerieren. Schlaf kommt eine immens wichtige Rolle zu, weil er die Grundvoraussetzung für ein gesundes, erfülltes und aktives Leben ist. Ein gesunder Lebensstil ist essentiell für eine ausreichende Konzentration.

Mangelnde Konzentration hat sehr häufig eine Überlastung oder vermehrten Stress zum Auslöser. Überlastung in der Schule, in der Familie oder zu viele Aktivitäten in der Freizeit sind häufige Ursachen für Konzentrationsprobleme bei Kindern. Werden zu hohe Erwartungen von außen an ein Kind gerichtet, können Lernunlust und auch perfektionistisches Streben nach

Verbesserung die Folge sein. Das Kind leidet unter diesem Stress und unter fehlendem Freiraum für die eigene Selbstbestimmung enorm. Eltern stehen häufig selbst unter gesellschaftlichem Druck, welchen sie dann auf ihre Kinder übertragen. Kinder können sich diesen Druck zumeist nicht selbst nehmen. Daher ist es überaus wichtig, dass Sie Ihrem Kind mehr Gelassenheit gegenüberbringen. Zeigen Sie Ihrem Kind Verständnis und unterstützen Sie es, indem Sie selbst ganz ruhig bleiben. Überprüfen Sie Ihre Erwartungen an Ihr Kind und geben Sie ihm mehr Freiraum für selbstbestimmtes Lernen und Entdecken. Der Stressfaktor Ihres Kindes wird umso größter, je mehr es das Gefühl bekommt, dass es zu vielen Aktivitäten nachgeht und nicht selbst mitbestimmen darf. Deshalb sollten Sie Ihr Kind immer in die Planung von Hobbys und Terminen miteinbeziehen. Bleiben Sie zuversichtlich und fördern Sie die sozialen Kompetenzen Ihres Kindes, denn auch die emotionale Stabilität spielt eine sehr große Rolle.

Psychische Überlastungen und Anspannungen können Ihr Kind kurzfristig zwar leistungsfähiger machen, jedoch wird es auf Dauer einfach nur erschöpft und unglücklich sein. Welche Dinge Ihr Kind belasten und welche nicht, ist von Kind zu Kind oft individuell verschieden und kann nicht verallgemeinert dargestellt werden. Was ein anderes Kind gut verkraftet, belastet Ihr Kind möglicherweise sehr. Emotionale Belastungen in der Familie und negative Erfahrungen in der Schule können Ihr Kind sehr bedrücken. Oft sind Kinder dann mit so vielen anderen Dingen beschäftigt, dass sie gar nicht erst ans Lernen denken. Aus diesem Grund sind Konzentrationsprobleme oftmals Folge von Kummer und Sorgen. Daher ist es sehr wichtig ihr Kind zu fragen, ob etwas passiert es, ob es Sorgen oder Streit hatte. Einfach darüber zu sprechen befreit das Kind meistens schon von seinem Kummer und der innere Stress nimmt ab. Auch Kinder haben Gefühle, die sie loswerden müssen. Ebenfalls können mangelndes Selbstwertgefühl, fehlendes Selbstbewusstsein oder Schüchternheit die Konzentration Ihres Kindes beeinflussen. Solche Probleme liegen eher im Wesenszug des Kindes, daher sind sie nur schwer zu beheben. Sollte Ihr Kind immerzu Stress und Sorgen haben, sollten Sie einen Facharzt aufsuchen, der Ihnen bei solchen Problemen helfen kann.

Weitere Anzeichen für Probleme mit der Konzentration können schnelle Ablenkbarkeit und Leichtsinnsfehler sein. Zudem führen eine schnelle Ermüdung, eine eingeschränkte Belastbarkeit sowie Reaktionsfähigkeit zu Konzentrationsschwierigkeiten. Sobald geistige Tätigkeiten erfüllt werden müssen, neigen Kinder mit diesen Problemen zum Abschweifen. Sie beginnen zu träumen und wenden sich anderen Thematiken zu. Anweisungen von anderen beachten sie folglich nur wenig. Sie handeln unüberlegt, planlos und ohne präzises Hinsehen. Oft arbeiten diese Kinder dann zwar schnell, jedoch begehen sie während ihrer Ausführungen viele Fehler oder lassen ganze Arbeitsschritte aus, da sie diese einfach vergessen. Ungeduld und innere Unruhe, welche sich beispielsweise durch ständiges

Herumzappeln zeigt, sind ebenfalls Anzeichen für Konzentrationsprobleme.

Konzentrationsprobleme lassen sich häufig anhand einer verspannten Muskulatur erkennen. Denn auch körperliche Ursachen wie Dysbalancen im Hormonhaushalt, Bewegungsmangel oder Krankheiten sind mögliche weitere Auslöser einer Konzentrationsschwäche. Weiter hinten im Buch finden Sie Meditations- und Yogaübungen für Kinder, die dem Kind helfen sollen Stress und Verspanntheiten aufzulösen. Ist Ihr Kind immerzu angespannt und hat verspannte Muskeln sollten Sie sich an einen Arzt wenden, ebenso bei Krankheiten und körperlichen Beschwerden.

Außerdem können Hochbegabungen und damit einhergehende Unterforderungen der Grund für die Probleme sein. Stellt sich ihr Kind als hochbegabt heraus, werden Konzentrationsübungen allein nicht weiterhelfen. Ihr Kind sollte dann entsprechend gefördert werden. Wenn eine Hochbegabung bei einem Kind nicht erkannt wird, kann sich dieses verhaltensauffällig benehmen und bei Aufgaben geistig abschalten, weil es schlichtweg unterfordert ist. Hochbegabte Menschen weisen eine überdurchschnittliche Intelligenz auf und können Informationen schnell aufnehmen und verarbeiten. Sie können sich Erlebnisse außerordentlich gut merken und hochbegabte Kinder sind schon früh fähig, logisch zu denken und Ursache-Wirkungs-Zusammenhänge zu erkennen.

Genau das gleiche Problem lässt sich aber auch beim gegenteiligen Beispiel erkennen. Kinder, die den Lernstoff nicht verstehen, langsamer lernen oder Lernschwächen haben, sind schnell überfordert bei bestimmten Aufgaben. Sie merken, dass sie es nicht können und verstehen und ziehen sich von dieser Aufgabe zurück. Die Konzentration springt auf etwas über, was sie können und ihnen gefällt und die andere Aufgabe versuchen sie gar nicht erst zu Ende zu bringen. Spezielle Konzentrationsübungen können dem Kind helfen zu lernen, eine Aufgabe fertig zu machen, wodurch wiederum ihr Selbstwertgefühl gesteigert wird und die Motivation zum Lernen zunimmt.

In Extremfällen kann die Konzentrationsstörung Ihres Kindes ein Symptom von Aufmerksamkeitsstörungen wie ADS und ADHS sein. ADHS ist eine Aufmerksamkeits-Defizit-Hyperaktivitäts-Störung, deren Hauptmerkmale Unaufmerksamkeit, Impulsivität, Hyperaktivität und bei einigen Kindern auch Verträumtheit sind. ADHS zählt zu den am häufigsten auftretenden psychischen Störungen in der Kindheit und bleibt oft ein Leben lang bestehen. Wird ADHS nicht behandelt, können Verhaltensstörungen und die Beeinträchtigung der beruflichen und schulischen Leistungsfähigkeit sowie der sozialen Kontakte die Folge sein. Die Ursachen der Störung sind in den meisten Fällen wahrscheinlich genetisch bedingt, jedoch können auch ungünstige Umwelteinflüsse der Auslöser sein. ADHS bleibt meistens als ADS bis ins Erwachsenenalter bestehen und nur die Hyperaktivität nimmt ab. Das Aufmerksamkeits-

Defizit-Syndrom (ADS) ist ein Subtyp von ADHS. Einen grundlegenden Unterschied zwischen den beiden Störungen gibt es nicht. Mit ADS werden Menschen diagnostiziert, die sich schlecht konzentrieren können, bei denen aber keine Hyperaktivität auftritt. Der einzige Unterschied beider Störungen ist also die auftretende Hyperaktivität. Kinder mit dem Aufmerksamkeits-Defizit-Syndrom fallen einfach etwas weniger auf als Kinder mit ADHS. Aufgrund der „fehlenden" Hyperaktivität wird ADS bei vielen Kindern nicht erkannt, obwohl sie ebenfalls große Probleme in der Schule haben. Kinder mit ADS sind zudem schnell gekränkt und sehr sensible Persönlichkeiten. Die ADHS-Symptome können sich bei Kindern auf unterschiedliche Arten äußern und unterschiedlich stark ausgeprägt sein. Nicht in allen Fällen treten immer alle Anzeichen auf. ADHS lässt sich grundsätzlich in drei Untergruppen einteilen: vorwiegend hyperaktiv-impulsiv, vorwiegend aufmerksamkeitsgestört und ein Mischtyp, der hyperaktiv und aufmerksamkeitsgestört zugleich ist.

Im Kleinkindalter sind die Symptome von ADHS nur schwer zu erkennen. In der Regel schreit ein Kleinkind mit ADHS sehr viel. Es hat nur eine kleine Aufmerksamkeitsspanne und keine Lust zu spielen. Eine ausgeprägte motorische Unruhe und Rastlosigkeit sind typische Symptome für ADHS in diesem Alter. Durch ihr störendes Verhalten haben Kleinkinder Probleme, sich mit anderen Kindern anzufreunden und finden oft nur schlecht Anschluss. Trotzphasen sind ungehemmter als bei anderen Kindern und häufigere Unfälle können die

Folge sein. Einige ADHS-Kleinkinder produzieren andauernd Geräusche, um so die Geduld ihrer Eltern zu strapazieren. Der Spracherwerb findet entweder auffallend verzögert oder verfrüht statt und fehlende fein- und grobmotorische Koordinationsfähigkeiten bereiten ihnen Schwierigkeiten.

ADHS-Symptome bei Grundschulkindern sind häufig auftretende Wutanfälle aufgrund einer geringen Frustrationstoleranz. Da sie sich sehr schnell ablenken lassen, lösen sie Aufgaben unsystematisch und nur sehr langsam. Das ständige Stören im Unterricht und die große Ablenkbarkeit stellen auch für die Lehrer eine Herausforderung dar. Oft haben betroffene Kinder außerdem eine Rechen- oder eine Lese-Rechtschreib-Schwäche. Nicht jedes Kind mit ADHS ist ständig nur am rumzappeln, jedoch sind alle Kinder mit dem ADHS-Syndrom anders und fallen auf. In der Schule werden sie häufig als „Spielverderber“ oder als „Nervensäge“ betitelt, weil sie sich nur schwer an Regeln halten können. Grundschulkinder mit ADHS haben häufig Unfälle beim Spielen, weil sie sehr ungeschickt sind. Sie fallen anderen ins Wort und reden ständig, wobei Mimik und Gestik nicht mit dem Gesagten übereinstimmen. Ihr Selbstbewusstsein ist meistens gering, weil sie unter den Auswirkungen der Störung sehr leiden.

Bei Kindern mit ADHS-Symptomen tritt auch im Jugendalter weiterhin Unaufmerksamkeit auf. Oftmals entwickeln die Jugendlichen eine „Null-Bock-Mentalität“ und weigern sich, erforderliche Leistungen zu bringen. Aggressive Anti-Haltungen sind die Folge. In der Pubertät sind diese Verhaltensweisen zwar nicht unüblich, jedoch sind sie bei Jugendlichen mit ADHS-Symptomen sichtbar ausgeprägter. Da sie sich oft zu sozialen Randgruppen hingezogen fühlen und risikoreiches Verhalten verstärkt auftritt, spielen häufig auch Alkohol und Drogen eine Rolle. Einige Jugendliche mit ADHS-Symptomen leiden aufgrund ihres geringen Selbstbewusstseins unter Depressionen und Ängsten. Fallen Ihnen solche Symptome auf, wenden Sie sich bitte umgehend an einen Facharzt. Auf der anderen Seite gibt es aber auch Jugendliche, bei denen die ADHS-Symptome besser werden. Die Impulsivität nimmt ab und die innere Ruhe nimmt zu.

ADHS-Symptome müssen jedoch nicht immer nur negativ sein, sondern können auch einige Vorteile mit sich bringen. Menschen mit dem Aufmerksamkeits-Defizit-Hyperaktivitäts-Syndrom sind oft sehr kreativ und geistig flexibel. Sobald sie eine Aufgabe gefunden haben, die in ihnen Begeisterung auslöst, sind sie supermotiviert und leistungsfähig. Es gelingt ihnen, ihre volle Aufmerksamkeit auf diese eine Sache auszurichten und sie erfolgreich zu bewältigen. Sie haben einen stark ausgeprägten Gerechtigkeitssinn und gelten aufgrund ihres guten Zugangs zu ihren Gefühlen als sehr hilfsbereit.

Da sich ADHS bei jedem Kind unterschiedlich äußern kann und nicht immer jedes Anzeichen der Störung vorhanden ist, ist es oft schwer, eine korrekte Diagnose zu stellen. In den meisten Fällen ist es außerdem nicht immer einfach, altersgemäße Verhaltensmuster von ADHS-Symptomen abzugrenzen. Aus diesem Grund sollten Sie bei dem Verdacht auf ADS oder ADHS bei Ihrem Kind einen erfahrenen Spezialisten aufsuchen, da nur dieser die entsprechende Diagnose stellen kann.

Auch wenn die ADHS-Symptome den betroffenen Kindern viele Schwierigkeiten bereiten, finden sie oft wunderbare Wege, um mit ihrer Krankheit zurechtzukommen. An dieser Stelle muss jedoch unbedingt angemerkt werden, dass nicht jedes Kind mit Konzentrationsproblemen gleich ADS bzw. ADHS hat. Wenn Sie den Verdacht hegen, dass Ihr Kind an ADS oder ADHS leidet und sich die auffälligen Verhaltensweisen auch über einen längeren Zeitraum nicht ändern, sollten Sie unbedingt einen Arzt aufsuchen. Dieser berücksichtigt bei der Diagnose immer auch das Alter Ihres Kindes. Je jünger ein Kind ist, desto eher sind impulsive und „unreife" Verhaltensweisen normal. Eine ADS- bzw. ADHS-Diagnose wird dann gestellt, wenn das auffällige Verhalten des Kindes nicht nur in der Schule, sondern zusätzlich auch in mindestens einer anderen Umgebung auftritt und dieses Verhalten über einen längeren Zeitraum (seit mindestens sechs Monaten) beständig anhält. Das Verhalten des Kindes darf mit dem Entwicklungsstand nicht übereinstimmen und muss in einem unangemessenen Ausmaß beobachtet worden sein. Außerdem müssen andere psychische Erkrankungen als Ursache ausgeschlossen worden sein und der Alltag des Kindes muss durch das Verhalten behindert werden.

Beobachten Sie Ihr Kind und achten Sie darauf, welche Situationen dazu führen, dass es leicht abgelenkt ist. Zusätzlich sollten Sie beobachten, ob dieses Verhalten in jenen Situationen immer gegeben ist oder ob und welche Ausnahmen bestehen. Sobald Sie diese spezifischen Rahmenbedingungen und Situation erkennen, können Sie aktiv an einer Lösung für die Konzentrationsprobleme Ihres Kindes arbeiten.

Konzentrationsdiebe

Ursachen für mangelnde Konzentration oder sogar Konzentrationsprobleme gibt es viele, jedoch können Ablenkungen auch durch externe Faktoren entstehen. Zu diesen äußeren Konzentrationsdieben zählen unter anderem der laufende Fernseher, das Radio, das Telefon oder die Geschwister. Es gilt, diese Störungsquellen zu erkennen und diese aktiv und bewusst zu vermeiden. Ebenfalls kann eine ungesunde Ernährungsweise dazu beitragen, dass sich Ihr Kind nicht einwandfrei konzentrieren kann, da die falsche Nahrung das individuelle Leistungsvermögen verringern kann. Um leistungsfähig und gesund zu sein und zu bleiben, ist es essenziell, dass Ihr Kind in ausreichender Menge mit den richtigen Nährstoffen versorgt wird. Neben komplexen Kohlenhydraten, qualitativ hochwertigem Eiweiß und gesunden Fetten sind Ballaststoffe wichtig für eine gute Verdauung. Auch Vitamine, Mineralien und Spurenelemente müssen in ausreichender Menge aufgenommen werden. Die Wahl der richtigen Lebensmittel stellt somit also die Basis für eine gute Funktion des Gehirns und somit der Konzentrationsfähigkeit dar. Die Ernährungsweise Ihres Kindes sollte dabei stets ausgewogen und abwechslungsreich sein. Zudem sollten Sie darauf achten, dass Ihr Kind ausreichend Flüssigkeit zu sich nimmt.

Außerdem führt auch Bewegungsmangel zum Verlust von Konzentration. Die Bewegung an der frischen Luft ist wichtig, um neue Energie zu tanken und hilft, die Konzentration Ihres Kindes langfristig zu fördern. Das

Gehirn profitiert dabei von körperlicher Aktivität. Bewegung regt den Stoffwechsel an, wodurch die Muskeln und das Gehirn stärker und besser durchblutet werden. Folglich wird die Sauerstoffversorgung verbessert und somit die Leistungsfähigkeit des Gehirns und die Konzentrationsfähigkeit gesteigert. Bewegung markiert einen wichtigen Ausgleich für die geistige Arbeit, die Ihr Kind tagtäglich leistet. Die Bewegung kann als Motor für erfolgreiches Lernen verstanden werden. Sich selbstständig und durch den Einsatz aller Sinne mit der gegebenen Umwelt auseinanderzusetzen ist wichtig für die Konzentration Ihres Kindes. Daher ist es unerlässlich, dass Sie viel Bewegung in den Alltag Ihres Kindes integrieren und dass die Form der Bewegung dabei variiert. Auf diese Weise ermöglichen Sie Ihrem Kind mehr Raum für neue Sinneseindrücke und gleichzeitig kann Stress aktiv abgebaut werden. Die Konzentrationsfähigkeit steigt und damit auch die Fähigkeit, sich neues Wissen anzueignen. Die Lust am Lernen nimmt wieder zu. Letztlich verhindert körperliche Bewegung zudem mögliche gesundheitliche Folgen in der Zukunft.

Weitere Konzentrationsdiebe Ihres Kindes können Desinteresse und wenig Vorwissen sein. Um diese Aspekte zu eliminieren, ist es wichtig, dass Ihr Kind sich auch abseits der Schule mit dem Lernstoff beschäftigt. Sobald es die Thematik und den Grund, warum es etwas lernen muss, erst einmal versteht, wird sich die nötige Motivation von ganz allein einstellen. Um das Interesse für das Fach Biologie zu unterstützen, könnten Sie einen schönen Familienausflug in den Zoo machen. Ein Erlebnismuseum kann auf der anderen Seite dabei helfen, das Wissen Ihres Kindes im Fach Geschichte zu erweitern. Oder erklären Sie Ihrem Kind einfach, warum diese zum Beispiel diese Matheformel besonders wichtig ist und wie es diese im weiteren Leben verwenden kann. Die Sinnhaftigkeit einer Sache ist auch für Kinder wichtig.

Essenziell ist jedoch immer, dass Ihr Kind nicht zu hohem Druck und zu vielen Aufgaben auf einmal ausgesetzt ist. Das führt lediglich zu Überforderung und folglich auch zu Lernfrust sowie Motivations- und Konzentrationsmangel. Vermeiden Sie Multitasking und lassen Sie Ihr Kind sich jeweils nur auf eine Aufgabe fokussieren. Ferner kann Überforderung bei zu schwierigen Aufgaben zu Frustration führen. Zerlegen Sie anspruchsvolle Aufgaben in kleine Teilschritte und sprechen Sie Ihrem Kind positiv zu. Hohe Erwartungshaltungen und Notendruck sind ebenfalls kontraproduktiv für die Konzentrationsfähigkeit von Kindern. In vielen Fällen lernen Kinder nur, weil sie müssen und nicht, weil sie wollen. Aus diesem Grund lernen sie am besten, wenn sie an Projekte selbstbestimmt herangehen und ihre Interessen verfolgen können.

Zudem ist auch ein Schlafdefizit häufig die Ursache für einen Mangel an Konzentration. Zu wenig Schlaf verringert nicht nur die individuelle Leistungsfähigkeit und Konzentration, sondern wirkt sich auch in emotionaler Unausgeglichenheit Ihres Kindes aus. Das Immunsystem unterliegt weniger Schutz und ist dadurch anfälliger für Krankheiten. Schlaf und Regeneration sind wichtige Komponenten in der Entwicklung Ihres Kindes.

Auch eine Reizüberflutung durch den Fernseher oder durch Computerspiele kann zu einem Konzentrationsmangel führen. Das Handy und die damit verbundene zunehmende Nutzung ist ein weiterer großer Konzentrationsdieb, der jedem bekannt ist. Dabei reicht ein kurzer Mitteilungston einer einkommenden Nachricht, um die Konzentration zu unterbrechen und maßgeblich zu stören. Deshalb ist es wichtig, ein angenehmes und ruhiges Lernumfeld sowie eine störungsfreie Arbeitsatmosphäre für Ihr Kind zu schaffen. Ein lernförderliches Klima und eine lernfreundliche Umgebung werden die Konzentration Ihres Kindes unterstützen.

Das beinhaltet dabei immer auch einen festen Arbeits- und Lernplatz ohne Störungen und Ablenkungen. Ständig wechselnde Lernplätze wirken sich möglicherweise negativ auf die Konzentrations-fähigkeit Ihres Kindes aus.

Da bei zunehmender Leistung die Konzentrationsfähigkeit gleichzeitig abnimmt, sind regelmäßige Pausen unabdingbar. Sollten diese nur unregelmäßig, zu kurz oder in zu weiten Abständen eingelegt werden, kann dies ein weiterer Konzentrationsdieb sein.

Wie wird Konzentration erlernt?

Welche Konzentrationsleistungen sind normal?

Bei Kindern ist das Konzentrationsvermögen immer altersabhängig. Eine Faustregel lautet dabei jedoch immer „Das Lebensalter mal zwei". Kinder im Alter von fünf bis sieben Jahren können sich demzufolge also durchschnittlich fünfzehn Minuten konzentrieren, wohingegen sich Kinder im Alter zwischen sieben und zehn Jahren zwanzig Minuten konzentrieren können. Ein Konzentrationsvermögen von zwanzig bis fünfundzwanzig Minuten gilt für Kinder im Alter von zehn bis zwölf Jahren und dreißig Minuten für Kinder zwischen zwölf und sechzehn Jahren. Nach dieser Zeit sollten unbedingt Pausen eingelegt oder ein Methodenwechsel vollzogen werden. Da jedes Kind jedoch anders ist, sollte diese Faustregel lediglich als Richtwert aufgefasst werden. Beobachten Sie Ihr Kind beim Lernen genau und wenn Sie sehen, wie es für die Aufgaben immer mehr Zeit braucht und die Augen oft woandershin abschweifen, sind das klare Indizien dafür, dass Ihr Kind sich nicht mehr konzentrieren kann und es eine Pause benötigt. Berücksichtigen Sie das unbedingt und lassen Sie Ihr Kind diese Pause auch nehmen und so gestalten, wie es möchte. Nur Fernsehen oder das Handy sind nicht gut wie die Konzentration, sie sorgen eher dafür, dass Ihr Kind all das vorher Gelernte schnell vergisst. Beschäftigen Sie Ihr Kind also auch direkt nach dem Lernen mit etwas anderem. So wird das Gelernte besser abgespeichert. Fünfzehn bis dreißig Minuten nach dem Lernen sollte das Kind eine Pause einlegen, bevor es sich mit dem Fernseher, dem Computer oder seinem Handy beschäftigt.

Lerntypen

Ein gewisser Zeitaufwand beim Lernen spiegelt sich leider nicht immer in Lernerfolg wider. Bei Kindern lässt sich das oftmals wiedererkennen und ist auf unterschiedliche Ursachen zurückzuführen. Zum einen kann das natürlich an der Konzentration Ihres Kindes liegen, zum anderen aber auch durch die verwendeten Lernstrategien begründet sein. Die Lernstrategien, die erfolgreich für Ihr Kind sind, hängen vor allem von den individuellen Präferenzen Ihres Kindes ab. Aber auch der jeweilige Lerntyp kann ausschlaggebend sein. Jedes Kind nimmt den zu lernenden Stoff auf eine unterschiedliche Art und Weise am besten auf. Unterschiedliche Hilfsmittel können den verschiedenen Lerntypen zu einem erfolgreichen Lernen verhelfen. Grundsätzlich gibt es vier verschiedene Lerntypen, wobei die meisten Kinder eine Mischform mehrerer Lerntypen sind. Die vier Lerntypen sollten deshalb nicht als starres Konstrukt angesehen werden, weil Kinder in allen Bereichen ausreichend Unterstützung benötigen. Wenn Ihr Kind seinen Lerntyp kennt, kann es durch gezielte Methoden und Techniken einfacher lernen und mehr Spaß haben. Deshalb ist es ratsam, mehrere Methoden und Techniken der einzelnen Lerntypen miteinander zu kombinieren, denn kein Kind lernt nur ausschließlich mit einem Sinn.

Der visuelle Lerntyp

Der visuelle Lerntyp lernt am besten beim Anschauen oder Lesen von Schaubildern, Mind-Maps, Grafiken, Lernpostern oder Filmen. Er/ sie kann sich Informationen am besten merken, indem er/ sie sich Bilder anschaut oder Informationen liest. Grafiken und Bilder veranschaulichen die Inhalte, die sich der visuelle Lerntyp auf diese Weise am besten einprägen kann. Auch anspruchsvolle Diagramme und Tafelbilder in der Schule fallen ihm/ ihr leicht, da diese visuell veranschaulicht sind. Mündliche Erklärungen fallen diesem Lerntypen hingegen schwerer, da sie abstrakter dargestellt sind. Visuelle Lerntypen lesen meistens gerne, haben aber bei auditiven Darstellungen Probleme, diese zu verstehen und zu verinnerlichen. Bilder und Farben haben für ihn/ sie mehr Bedeutung als Geräusche und Klänge. Visuelle Lerntypen sollten im Unterricht so viel wie möglich mitschreiben. So können die Erklärungen des/r Lehrers/in zu Hause in Ruhe ergänzt und durchgelesen werden. Neben Mind-Maps helfen auch Skizzen, um den Lernstoff visuell zu erfassen und zu verstehen, da sich die Zusammenhänge dadurch viel leichter ergeben. Sobald der visuelle Lerntyp den Stoff mit Bildern im Kopf verknüpft, werden ihm/ ihr die Zusammenhänge klar und können so besser gelernt werden. Beim Lernen sind besonders Karteikarten sinnvoll, da sich visuelle Lerntypen oft bestimmte Eigenschaften der Karte einprägen, wie ein Fleck in der oberen Ecke oder die Farbe der Karte und so die Eigenschaften mit dem zu lernenden Stoff verknüpfen. Falls Ihr Kind ein visueller Lerntyp ist, hilft es, sich den Lernstoff in eigenen Worten neu zu notieren, weil jedes geschriebene Wort besser im Gedächtnis bleibt als nur gelesene Wörter. Außerdem kann all das, was Ihr Kind lernen muss, sichtbar aufgehängt werden, damit Ihr Kind ständig mit dem Stoff konfrontiert wird und so ganz nebenbei lernt.

Der auditive Lerntyp

Der auditive Lerntyp lernt primär beim Zuhören. Er/ sie ist besonders gut darin, gehörte Information aufzunehmen, diese zu behalten und anschließend wiederzugeben. Ihm/ ihr fällt es leicht zu verstehen, was der/die Lehrer/in versucht zu erklären. Grafiken, Diagramme und Tafelbilder helfen ihm/ ihr nur bedingt weiter und eine mündliche Erläuterung ist fast immer notwendig. Mündliche Erklärungen sind für den auditiven Lerntyp stimmig und logisch nachvollziehbar. Die Konzentrationsleistung des auditiven Lerntyps wird besonders beim selbstständigen Lesen gefördert. Hörbüchern zu folgen fällt ihm/ ihr dahingegen überhaupt nicht schwer. Ein hilfreicher Lerntipp für den auditiven Lerntyp ist lautes Vorlesen, weil die in Stille gelesenen Informationen bei ihm/ ihr nur schwer hängenbleiben. Wenn Ihr Kind ein auditiver Lerntyp ist, sollte es Vokabeln und Informationen beim Lernen laut aussprechen, da sich durch die Aussprache oftmals Eselsbrücken für ihn/ sie ergeben. Mündliche Aufgaben in der Schule fallen diesem Lerntyp leicht, weshalb er/ sie beim Lernen Selbstgespräche führen sollte. Vorträge und Lernkassetten helfen dem auditiven Lerntyp, das Thema zu verinnerlichen und zu verstehen. Auditive Lerntypen sind sehr anfällig für störende Geräuschkulissen. Sie lernen am besten mit ruhigen Hintergrundgeräuschen oder in Stille.

Der motorische Lerntyp

Der motorische Lerntyp prägt sich Informationen am besten durch praktische Beispiele ein. Theoretische Erklärungen fallen diesem Lerntyp schwer. Er/ sie versteht gewisse Abläufe am besten dann, wenn er/ sie die Durchführung aktiv beobachten kann oder diese gar selbst durchführt. Lernen durch Handeln bzw. eine aktive Beteiligung am Lernprozess sind für den motorischen Lerntyp am wertvollsten. Nur wenn er/ sie selbst Erfahrungen sammeln und eigenständig Schlüsse aus den ganzen Informationen ziehen kann, wird er/ sie den Zusammenhang des Stoffes verstehen. Bis dahin scheinen die einzelnen Bestandteile sehr kompliziert. Hilfreich für den motorischen Lerntyp sind praktische Lernmaterialien zum Anfassen, beispielsweise Experimentierkästen und Modelle. In einer Gruppenarbeit lernt dieser Lerntyp am besten, wenn er/ sie anschauliches Material bastelt oder in Rollenspiele eintaucht, um so einen bestimmten Sachverhalt zu lösen. Der motorische Lerntyp lernt besonders gut durch den Tastsinn und durch Bewegung. Im Zimmer auf und ab zu laufen kann ihm/ ihr helfen, den Lernstoff zu verstehen und zu verinnerlichen.

Der kommunikative Lerntyp

Der kommunikative Lerntyp lernt am besten bei Diskussionen, in Partnerarbeit oder bei Unterhaltungen. Die Bedeutungen und Zusammenhänge, die sich in einem Dialog ergeben, sind für ihn/ sie besonders wertvoll. Im Gespräch geben die kommunikativen Lerntypen Erklärungen ab, stellen diese infrage und versuchen im letzten Schritt eine Lösung zu finden. Meistens brauchen sie einen Partner zum Lernen, mit dem sie in einen Diskurs treten und sich austauschen können. Die benutzen Argumente helfen ihm/ ihr dabei, sich die Punkte des Stoffes besser einzuprägen. Kommunikative Lerntypen sollten deshalb nach Möglichkeit nicht alleine lernen. Wenn sie anderen Menschen Probleme erklären und gemeinsam Lösungen finden oder Rollenspiele, zum Beispiel in Form eines Interviews, machen und das Thema so umfassend wie möglich besprechen, lernen sie am besten.

Welcher Lerntyp ist Ihr Kind?

Um herauszufinden, welcher Lerntyp Ihr Kind ist, können Sie diverse Tests im Internet durchführen. Viele verschiedene Seiten bieten Fragebögen mit unterschiedlichen Szenarien an, bei denen Ihr Kind ankreuzen muss, wie es in der jeweiligen Situation handeln oder reagieren würde. Bei anderen Fragebögen, die im Internet zu finden sind, muss Ihr Kind angeben, wie sehr eine Aussage bzw. Handlung auf es zutrifft. Eine andere Möglichkeit, um den Lerntyp Ihres Kindes herauszufinden ist, dass Sie sich gemeinsam für den Lerntyp entscheiden, der für Ihr Kind am hilfreichsten erscheint und der ihm/ ihr am meisten zusagt. Anschließend können Sie zu dieser Theorie einen Test durchführen und Fragen zu jedem Lerntyp stellen, um so herauszufinden, welchem Typ Ihr Kind am ehesten entspricht. Nehmen Sie sich ausreichend Zeit für die Feststellung.

Kann sich Ihr Kind leicht an Symbole, Figuren und Bilder erinnern? Hat es ein Auge für Details und kann es sich Informationen besser einprägen und diese verarbeiten, wenn sie optisch ansprechend vermittelt wurden? Dann ist Ihr Kind mit hoher Wahrscheinlichkeit ein visueller Lerntyp. Kann Ihr Kind leicht Hörspielen und Podcasts folgen und die Inhalte aus dem Kopf wiedergeben? Fällt es ihm/ ihr leicht, sich Melodien einzuprägen und besitzt es eine schnelle Auffassungsgabe? Dann ist Ihr Kind vor allem ein auditiver Lerntyp. Lässt sich Ihr Kind von Gefühlen leiten, ist praktisch veranlagt und denkt nicht lange nach, bevor es handelt? Dann ist ihr Kind bei einer motorischen Förderung bestens aufgehoben. Tauscht sich Ihr Kind gerne aus, erzählt viel und stellt detaillierte und durchdachte Fragen? Dann ist Ihr Kind dem kommunikativen Lerntyp zuzuordnen. Sollten Sie durch die Beantwortung dieser Fragen nicht herausfinden können, welchem Lerntyp Ihr Kind angehört, können Sie die Interessen und Fähigkeiten Ihres Kindes spielerisch testen. Hörbücher, Baukästen, Gespräche oder Puzzle können zuvor nicht geahnte Stärken aufzeigen.

Eine weitere Methode, um den Lerntyp Ihres Kindes herauszufinden, ist der Lerntypentest nach Frederic Vester. Der Test funktioniert durch die Überprüfung des Gedächtnisses. Dabei muss sich Ihr Kind zehn Begriffe, die auf Bildern gezeigt, gehört, gelesen oder als Gegenstände angefasst werden merken und diese nach einiger Zeit wiedergeben. Der Test erlaubt es Ihnen, Rückschlüsse darüber zu ziehen, über welchen Wahrnehmungskanal Ihr Kind die Informationen am besten aufnehmen kann. Eine ausführlichere Erklärung, wie dieser Test funktioniert, finden Sie ebenfalls im Internet.

Was können Eltern tun?

(Konzentrationshacks)

Nachdem Sie nun die Konzentrationsprobleme und die dafür verantwortlichen Konzentrationsdiebe erkannt und eliminiert haben, ist es wichtig, dass Sie gemeinsam mit Ihrem Kind an einer aktiven Fokussierung arbeiten. Oftmals gehen Konzentrationsschwierigkeiten und mangelnde Motivation miteinander einher. Aus diesem Grund sollten Sie verstärkt darauf achten, Lob an Stelle von Kritik zu äußern und die Anstrengung und Einsatzbereitschaft Ihres Kindes anzuerkennen, ganz gleich wie groß der Erfolg dabei ist. Zu hoher Erwartungsdruck führt lediglich zu großen inneren Anspannungen, wodurch Kinder überfordert und unmotiviert sind und einfach abschalten. Kinder sollten insbesondere für ihre notwendige Mühe gelobt werden und nicht nur dann, wenn sie für das Erreichen ihres Lernzieles auch eine sehr gute Note bekommen haben. Sagen Sie Ihrem Kind, wie toll es eine Aufgabe oder ein Projekt gemeistert hat und wie lobenswert sie dessen Mühe finden. Ihr Kind wird lernen, dass es alles erreichen kann, solange es sich anstrengt und für das Endziel arbeitet. Auch Fehler sind feste Bestandteile jeden Weges und sollten deshalb stets als normal und notwendig bewertet und erläutert werden. Fehler sind keineswegs schlimm und gehören zum Leben dazu. Sie sind notwendig, um lernen zu können und um sich zu verbessern. Sobald Kinder Fehler erst einmal erkennen, können diese dadurch oft sogar effektiver lernen.

Zudem stärken sie die Persönlichkeit sowie das Selbstwertgefühl Ihres Kindes.

Weiterhin sollten Sie die Eigenmotivation Ihres Kindes fördern, da diese eine wichtige Eigenschaft ist, die Kinder in ihrem gesamten Leben benötigen. Die Motivation der meisten Kinder ist dann am größten, wenn sie selbstbestimmt sein dürfen und eigenständig auswählen können, welchen Thematiken sie sich zuwenden möchten und welchen nicht. Da dies jedoch oft nicht mit dem starren Unterricht in der Schule zu vereinbaren ist, ist es wichtig, die Konzentration und Eigenbestimmung zu Hause zu fördern. Überlassen Sie es Ihrem Kind selbst, mit welchen Hausaufgaben es beginnen möchte und welche Methodik am meisten zusagend ist. Zudem kann auch die Uhrzeit ganz entscheidend sein, denn nicht jedes Kind kann sich direkt auf die Hausaufgaben konzentrieren, sobald es von der Schule nach Hause kommt. Einige Kinder benötigen dann dringend eine Pause und sind erst wieder am Abend bereit, die nötige Konzentration aufzubringen. Auf der anderen Seite sind manche Kinder direkt im Anschluss noch aufnahmefähig und konzentriert. Deshalb sollten Sie die Lernzeiten möglichst gemeinsam mit Ihrem Kind besprechen und auf diese Weise den richtigen Zeitpunkt herausfinden. Sobald dieser gefunden wurde, sollten die Lernzeiten jedoch auch regelmäßig eingehalten werden, da diese Voraussetzung für ein gutes Lernergebnis sind. Achten Sie darauf, dass Ihr Kind genügend Pausen einlegt und halten Sie sich dabei an die Faustregel „Das Lebensalter mal zwei“. Je älter Ihr Kind ist, desto länger kann es sich auch konzentrieren. Dies bedeutet jedoch nicht, dass es keine Pausen benötigt. Während der Pausenzeit sollte Ihr Kind Fernseher, Computer und Handy vermeiden, da diese nicht förderlich für die Konzentration sind. Stattdessen tun frische Luft und Bewegung gut, da sie den Kopf freier machen und den passenden Ausgleich zum hektischen Schulalltag darstellen.

Inmitten von Spielsachen, zwischen Mama und Schwester sitzend oder liegend auf dem Boden kann kein Kind richtig lernen und sich konzentrieren. Ihr Kind braucht vor allem eines: eine gute und ruhige Lernatmosphäre und einen festen Platz zum Lernen. In der Küche oder am Wohnzimmertisch gibt es viel zu viele Ablenkungen für Ihr Kind, sodass es sich nicht vollständig auf das Lernen konzentrieren kann. Nicht nur die Handlungen der Eltern, sondern auch die Unruhe durch die Geschwister verhindert, dass Ihr Kind fokussiert arbeiten kann. Lernen funktioniert nur in einer entspannten Umgebung und ohne Stress am eigenen Lernplatz. Ihr Kind braucht Ruhe und die Möglichkeit, einen eigenen Rhythmus zu entwickeln. Gewöhnen Sie Ihr Kind bereits von Anfang an daran, dass es die Schulaufgaben am eigenen Schreibtisch so eigenständig wie möglich machen soll. Ständige Unterbrechungen und die Anwesenheit von anderen Familienmitgliedern bewirkt innerliche Unruhe. Ihr Kind kann sich nicht mehr voll und ganz auf die Lösungsansätze und eigenen Gedankengänge konzentrieren. Eine Anspannung im Kind ist die Folge. Diese Anspannung beeinflusst dabei nicht nur die Konzentration, sondern überträgt sich auf den gesamten Körper. Aber auch ein unbequemer und schlecht eingerichteter Lernplatz kann die Ursache für Anspannungen sein. Ihr Kind befindet sich im Wachstum, weshalb ein gekrümmter Rücken und eine Überanstrengung der Augen aufgrund von schlechter Beleuchtung enormen Stress auf den Körper Ihres Kindes ausüben können. Investieren Sie schon früh in ergonomische Möbel, die Ihr Kind über die gesamte Schulzeit hinweg begleiten. Ein höhen- und tiefenverstellbarer Stuhl und die richtige Tischhöhe, damit Ihr Kind optimal aufrecht sitzen und die Füße aufstellen kann, sind hierbei enorm wichtig. Nur wenn Ihr Kind bequem und entspannt sitzen kann, ist die Wirbelsäule entlastet und es kann unbeschwert denken. Eine optimale Lernatmosphäre benötigt außerdem die richtige Beleuchtung. Nach Möglichkeit sollten Sie den Schreibtisch Ihres Kindes immer an ein Fenster stellen. Wenn kein Fensterplatz umsetzbar ist, sind Tageslichtlampen eine tolle Investition. Trennen Sie den Spielbereich unbedingt sinnvoll vom Schreibtisch ab, um so einen Lernraum für Ihr Kind zu schaffen, an dem die Augen nicht ständig woanders hinwandern. Eine gute Lösung für eine Abtrennung sind Zimmerpflanzen. Pflanzen regulieren die Luftfeuchtigkeit positiv und sorgen so für eine gesunde Raumatmosphäre. Außerdem sind sie schallschluckend und die organischen und grünen Blätter fördern sogar die Konzentration. Der Schreibtisch Ihres Kindes sollte aber unbedingt frei von Ablenkungen sein und potenzielle Störquellen sollten außer Reichweite gebracht werden. Nur die benötigten Lern- und Arbeitsmaterialien finden einen Platz auf dem Tisch und sollten sofort griffbereit sein. Wenn Ihr Kind inmitten des Lernprozesses aufstehen muss, um sich ein Blatt Papier oder einen Stift zu holen, findet es oft nur wieder mühsam in den Arbeitsfluss hinein. Richten Sie zusammen mit ihrem Kind der Lernplatz ein. Das Kind sollte sich an diesem Platz wohlfühlen, daher sollte es ein Mitbestimmungsrecht haben, wie der Platz aussehen sollte. Es sollten sich auf diesem Platz keine Ablenkungen befinden, dennoch können Poster oder Sticker, die Ihr Kind besonders mag, aufgehängt werden. Das Kind wird fröhlich bei deren Anblick, aber dadurch, dass es diese jeden Tag sieht, wird es nicht davon abgelenkt. Auch ein Glas Wasser sollte niemals auf dem Tisch Ihres Kindes fehlen und genügend Sauerstoff durch regelmäßiges Lüften ist ebenso wichtig, um eine gute Lernatmosphäre zu schaffen. Auf dem Schreibtisch kann Ihrem Kind auch eine Farbcodierung helfen, um den Überblick über die verschiedenen Fächer zu behalten. Dafür können Sie Hefte und Bücher farbig einschlagen oder diese mit farbigen Masking-Tapes verzieren. Manchmal kann auch ein Ortswechsel förderlich für die Konzentration Ihres Kindes sein. Verlagern Sie das Lernen zur Abwechslung einfach mal in den Garten oder in einen Park und nehmen Sie den Druck raus. Nur wenn Ihr Kind genügend Zeit hat, kann es sich konzentrieren und ein Lerneffekt kann sich einstellen.

Integrieren Sie Abwechslungen in die Lernphasen Ihres Kindes und lassen Sie Ihr Kind mit verschiedenen Lernmethoden arbeiten. Ein Tandem-Partner bietet eine wunderbare Möglichkeit, um stupidem Auswendiglernen von Vokabeln ein wenig Frische zu verleihen. Dabei wird gemeinsam mit einem Muttersprachler gelernt, sodass beide Partner vom jeweils anderen profitieren. Des Weiteren können Sie gemeinsam mit Ihrem Kind ein Fremdsprachenbuch lesen. Notwendig hierbei ist wieder, dass Ihr Kind den Zweck des Lernens versteht, nämlich dass es sich in einem fremden Land verständigen kann.

Heutzutage sind Computer, Smartphones und Tablets nicht mehr wegzudenken und auch Kinder sind von den technischen Möglichkeiten der heutigen Zeit begeistert. Für Kinder konzipierte Lernspiele oder Softwares, welche direkt auf die Bedürfnisse Ihres Kindes zugeschnitten sind, können das Lernen unterstützen und Kindern Spaß und Freude beim Lernen bereiten.

Planen Sie mit Ihrem Kind, welche Aufgaben zuerst erledigt werden müssen und welche auf später verschoben werden können. Das setzt voraus, dass die Aufgaben zuvor der Wichtigkeit nach priorisiert wurden. Das Priorisieren von Aufgaben ist eine sinnvolle Fertigkeit, die Ihr Kind während seines gesamten Lebens begleiten wird. Kinder sollten sich bewusst darüber sein, dass man nicht alle Aufgaben gleichzeitig erledigen kann und dass es sinnvoll ist, nach einem Plan zu arbeiten und strukturiert und geordnet vorzugehen.

Ebenso stellen kleine Belohnungen gute Anreize dar und stärken die Eigenmotivation Ihres Kindes. Aufmunternde und lobende Worte von den Eltern bewirken oft schon wahre Wunder. Wenn sich das Kind danach aussuchen darf, was gespielt wird oder welches Buch danach vorgelesen wird, ist das auch eine Belohnung. Und manchmal ist die Aussicht auf etwas Süßes schon genug Motivation, um nochmal am Schluss alles zugeben.

Weiterhin sind eine gesunde Ernährung und ausreichend Flüssigkeitszufuhr essenziell, damit sich Ihr Kind konzentrieren und fokussiert arbeiten kann. Eliminieren Sie potenzielle Störungsquellen und vermeiden somit auch eine Reizüberflutung. Achten Sie unbedingt darauf, dass Ihr Kind ausreichend Schlaf bekommt und möglichst wenig Stress ausgesetzt ist.

Langfristige Methoden

Der wesentliche Lernprozess bei der Schaffung von Konzentration besteht in der bewussten Ausschaltung der zahlreichen Umweltreize. Dieses aktive Ausschalten erlernen die meisten Kinder am besten spielerisch, da Spiele ein natürliches Gleichgewicht zwischen Entspannung und Anspannung oder auch zwischen Ruhe und Aktivität bieten. Förderlich ist zudem, wenn Sie Ihr Kind frühestmöglich daran gewöhnen, dass es Multitasking vermeiden und sich immer nur auf eine Sache konzentrieren soll, damit es langfristig konzentrierter arbeiten kann.

Neben den Phasen der Konzentration sind auch Ruhezeiten, in denen Ihr Kind abschalten kann, essenziell. In diesem Zusammenhang ist es wichtig, dass Sie Ihr Kind nicht nur in Konzentrationsphasen nicht unterbrechen, sondern auch während der Entspannung. Geben Sie Ihrem Kind Zeit, sich langsam vom Spielen zu lösen und warten Sie beispielsweise mit der Aufforderung, zum Essen zu kommen. So kann Ihr Kind lernen, die Umweltreize gezielt auszuschalten und zu steuern.

Die meisten Konzepte zur Konzentration und Entspannung haben gemeinsam, dass möglichst viele der vorherrschenden Umweltreize eliminiert werden. Dabei kann Ihr Kind zunächst die Augen schließen. Jegliche Unruhe wird ausgeschaltet und die Gedanken können geordnet werden. Eine ruhige, tiefe und gleichmäßige Atmung sollte der Schwerpunkt von verschiedenen Übungen sein.

Autogenes Training, welches eine Form der Selbsthypnose ist, zielt darauf ab, einen Ruhezustand über gedankliche Konzentration zu erreichen. Hierbei können Sie Ihr Kind unterstützen, indem Sie mit ruhiger Stimme bestimmte Körperempfindungen formulieren, auf welche sich Ihr Kind konzentrieren soll. Dabei wird die Aufmerksamkeit auf die Wahrnehmung des eigenen Körpers gelenkt. Die von Ihnen aufgezeigten Gedanken können von Ihrem Kind verinnerlicht werden. So gelingt es Ihrem Kind, die eigene Körperwahrnehmung zunehmend und langfristig selbst zu steuern. Kinder lernen über diese Art des Trainings, wie sie ihrem Körper Anweisungen geben können, beispielsweise ruhig zu werden und sich wohlzufühlen. Diese Ruhe können Kinder mit wachsender Übung auf andere Situationen übertragen und so auch unter unruhigen Umständen konzentriert und fokussiert arbeiten.

Die Progressive Muskelentspannung, welche durch Edmund Jacobson begründet wurde, basiert auf der Annahme, dass man durch gezieltes An- und Entspannen von Körpermuskeln gelöster wird und so die Konzentration aufrechterhalten kann. Aufgrund exakter Beanspruchung einzelner Muskelgruppen wird eine Phase der Entspannung ausgelöst. Durch den konstanten Wechsel von Entspannung und Anspannung erlernen Kinder das erholsame Resultat der Entspannung kennen. Zeitgleich lernen sie, wie sie diese Entspannung herbeiführen können.

Kognitives Training sollte fester Bestandteil in der Förderung der kognitiven Entwicklung Ihres Kindes sein. Das Wort „kognitiv" hat seinen Ursprung im lateinischen Wort „cognoscere" und bedeutet „erkennen, wissen und wahrnehmen". Alle mentalen Vorgänge, die im Kopf ablaufen, werden als kognitive Prozesse bezeichnet. Die kognitive Wahrnehmung umschließt das Sehen, das Hören, das Schmecken, das Tasten und das Riechen. Kognition ermöglicht es uns, dass neue Gedächtnisinhalte bekannten Situationen zugeordnet und diese bewertet werden können. Logische Schlussfolgerungen entstehen durch die Verknüpfung von Vergangenheit, Gegenwart und Zukunft. Gute kognitive Fähigkeiten sind die Grundvoraussetzung für eine gewinnbringende Konzentration und eine gute Merkfähigkeit.

Schlechte kognitive Fähigkeiten führen hingegen unter anderem zu einer langsameren Informationsverarbeitung und zu mehr Vergesslichkeit. Die kognitive Entwicklung ist bei Kindern insbesondere wichtig, da sie verschiedene Fähigkeiten im Bereich der Wahrnehmung und im Bereich des Denkens erlernen. Um gute Leistungen im Alltag erbringen zu können, müssen mehrere Bereiche des Körpers bzw. des Gehirns fit sein. Damit Ihr Kind die Probleme des Alltags bewältigen kann, braucht es also nicht nur Aufmerksamkeit und Konzentration, sondern auch andere kognitive Fähigkeiten wie das Gedächtnis, das Merkvermögen oder die Schlussfolgerungsfähigkeit.

Grundsätzlich können kognitive Fähigkeiten in fünf Unterbereiche unterteilt werden: die Wahrnehmung der Umwelt mithilfe unserer Sinne, die Aufmerksamkeit auf spezielle Objekte und Geschehnisse, das Nachdenken und die Verarbeitung von Informationen mit der Hilfe unseres Gehirns, die Gedächtnisspeicherung von Informationen für die spätere Erinnerung und die Bedeutungszuweisung, die meistens über die Sprache geschieht. Außerdem werden verschiedene Arten unterschieden, welche die kognitiven Fähigkeiten eines Menschen beschreiben. Das Gehirn trifft jeden Tag die Entscheidung, welche Informationen und welche Eindrücke relevant sind und nimmt diese aufmerksam auf. Verschiedene Sinnesorgane nehmen bewusst Informationen auf und wahr. Die Lernfähigkeit hilft einem Menschen, sich bestimmte Verhaltensweisen anzueignen. Sie ist eng mit der Merkfähigkeit verbunden. Unter

Erinnerungsfähigkeit wird die Fähigkeit eines Menschen verstanden, Informationen zu speichern und diese zu einem späteren Zeitpunkt erneut abzurufen. Des Weiteren ist die Abstraktionsfähigkeit eine wichtige kognitive Fähigkeit, durch die das Gehirn Erlebtes auf allgemeingültige Eigenschaften reduzieren kann. Weitere kognitive Fähigkeiten sind beispielswiese die Schlussfolgerungsfähigkeit, das Urteilsvermögen, die Erkenntnisfähigkeit und die Konzentration.

Um Ihr Kind beim Erlernen und der Förderung von kognitiven Fähigkeiten zu unterstützen, können Sie unterschiedliche Wege einschlagen. Wichtig ist, dass Sie Ihr Kind neuen Erfahrungen aussetzen und mit zu lösenden Problemen konfrontieren. Versuchen Sie Ihr Kind einzubinden und das immer dann, wenn Sie vor der Lösung eines Problems stehen oder verschiedene Ereignisse planen. Das Gehirn mit samt seiner Funktionen wird jeden Tag unbewusst trainiert und verwendet. Doch erst wenn Sie das Gehirn Ihres Kindes mit neuen Herausforderungen konfrontieren, wird es gefördert und dessen Leistungen gesteigert. Eine mentale Förderung kann hervorragend durch zielgerichtete Übungen entstehen, die Sie wunderbar in den Alltag Ihres Kindes integrieren können.

Als langfristige Methoden für das Erlernen von Konzentration bieten sich zusätzlich die Meditation und das Yoga für Kinder an. Beide Praktiken weisen zwar einige gemeinsame Elemente auf, jedoch gibt es auch viele Unterschiede. Grundsätzlich geht es beim Yoga mehr um Bewegung, während sich die Meditation vermehrt auf die Stille konzentriert. Meditation kann zwar ein Teil der Yoga-Praxis sein, jedoch nicht umgekehrt. Beide Methoden können zur Förderung der Gelassenheit und der Konzentration beitragen.

Da das Leben für Kinder voller Abenteuer und Herausforderungen steckt und täglich neue Reize auf sie einwirken, kann die Meditation ein toller Helfer sein, um mehr Ruhe in den Alltag zu integrieren. Denn während so viele Dinge in der Außenwelt geschehen, passiert in der Innenwelt des Kindes mindestens genauso viel. Mit emotionalen und sozialen Herausforderungen werden sie tagtäglich konfrontiert und physische und psychische Entwicklungen finden statt. Deshalb ist es besonders gewinnbringend, wenn Kinder lernen, wie sie sich in schwierigen Situation am besten selbst helfen können. Meditation ist dabei eine wundervolle Methode. Sie stärkt die Konzentrationsfähigkeit und das Selbstbewusstsein und hilft bei der Selbstregulierung der eigenen Gefühle. Gefühle zu verstehen, zu regulieren und anschließend kommunizieren zu können stellt schon für viele Erwachsene eine Schwierigkeit dar. Für Kinder ist es eine wirkliche Herausforderung. Meditation lehrt Ihrem Kind eine harmonische Beziehung mit externen Ablenkungen und negativen Gedanken. Der Augenblick wird bewusster wahrgenommen und geistige Klarheit geschaffen. Ihr Kind kann Neues lernen, verarbeiten und anwenden. Die innere Einkehr durch Meditation schafft mehr Distanz zur eigenen Gefühlswelt. Mehr Raum für Reaktion und Reflexion wird geschaffen. Ihr Kind lernt, dass negative Gefühle nicht von Dauer sind, sondern auch wieder verschwinden. Von dieser Gelassenheit profitieren auch die Menschen im Umfeld Ihres Kindes. Meditation stärkt außerdem die emotionale Intelligenz und soziale Qualifikationen wie Empathie.

Die Grundlagen des Kinder-Yogas sind die gleichen Lehren wie die vom Yoga für Erwachsene. In diesem Zusammenhang markiert eher die Form des Unterrichts den Unterschied. Der Fokus beim Unterricht für Erwachsene liegt eher auf der Rationalität. Kinder werden spielerischer, kreativer und mit mehr Einsatz von Fantasie unterrichtet. Kinder-Yoga verbessert die Körper- und Sinneswahrnehmungen und unterstützt sie bei ihrer Flexibilität und der Kräftigung der Muskulatur. Durch eine tiefe und aufmerksame Atmung werden Verspannung gelöst und Entspannung wird herbeigeführt. Grundsätzlich ist Yoga für jedes Kind geeignet. Es hilft, die Grundhaltung des Körpers in jungen Jahren aufzubauen und konzentrierter zu sein.

Bei allen Konzentrationsübungen geht es darum, dass Ihr Kind zunächst lernt, sich zu entspannen. Erst wenn die Umweltreize aktiv ausgeschaltet werden, entstehen Entspannung und Konzentration. Da nach der Entspannung und der Konzentration meistens eine Phase der Anspannung folgt, benötigt Ihr Kind Pausenzeiten, in denen es sich bewegen und toben kann. Es gibt viele verschiedene Wege, Konzentration zu lernen und die Konzentrationsfähigkeit Ihres Kindes zu steigern. Welchen Weg Ihr Kind dabei einschlägt, muss es selbst herausfinden. Sie können Ihrem Kind verschiedene

Wege zeigen und ausprobieren lassen und sollten Ihrem Kind dabei immer zur Seite stehen.

Die in den nächsten Kapiteln erläuterten Übungen werden Ihrem Kind bei der Förderung der Konzentrationsfähigkeit helfen. Die Übungen sind in unterschiedliche Kategorien und Altersgruppen unterteilt. Das ermöglicht es Ihrem Kind, verschiedene Fertigkeiten zu trainieren und so die Konzentrationsfähigkeit aktiv zu steigern. Durch die Schulung des Lern- und Denkvermögens kann sich Ihr Kind neues Wissen schneller aneignen und komplexe Vorgänge beim Denken laufen schneller ab. Ihr Kind lernt, den Fokus auf irrelevante Umweltreize zu unterdrücken und stattdessen auf die wesentlichen Dinge konzentriert zu sein. Bereits erlerntes Wissen sowie neue Informationen können durch aktives Training schneller abgerufen werden und länger im Kopf bleiben. Konzentrationsspiele helfen Ihrem Kind außerdem, komplexe Zusammenhänge leichter zu verstehen und Lösungen für Probleme zu finden. Das Zahlen- und Sprachverständnis steigt und das Lernen fällt Ihrem Kind zunehmend leichter.

Alle hier aufgeführten Konzentrationsübungen haben ein wichtiges Kriterium gemeinsam, und zwar, dass diese den Kindern Spaß machen und ihnen Freude bereiten sollen. Das erreichen Sie am besten, indem Sie die Übungen spielerisch gestalten. Damit Sie die Konzentrationsfähigkeit Ihres Kindes erfolgreich trainieren können, nutzen Sie die vielen abwechslungsreichen Übungen in den nachfolgenden Kapiteln. Anzumerken sei an dieser Stelle, dass die einzelnen Übungen der jeweiligen Altersstufe natürlich auch in eine andere zu übertragen sind und oft schwerer bzw. leichter für das Kind gestaltet werden können.

Konzentrationsspiele – Gedächtnis

Neben Aufmerksamkeit und Konzentration ist auch die Merkfähigkeit eine wichtige Fähigkeit, die Kinder üben sollten. Spielerisches Gedächtnistraining kann Ihr Kind fit und leistungsfähig machen, da dieses prägend für das zukünftige Leben ist.

Übungen Für Kinder im Alter von 5 – 7 Jahren

Nummer 1 – Gedächtniszeichnung

Für Spiel Nummer eins wird lediglich ein Stift und ein Blatt Papier benötigt. Nun muss sich Ihr Kind einen beliebigen Gegenstand im Raum suchen und diesen für eine Minute intensiv beobachten und sich diesen merken. Sobald die Minute vorüber ist, versucht Ihr Kind den beobachteten Gegenstand so detailgetreu wie nur möglich wiederzugeben und nachzuzeichnen, dabei wird der Gegenstand nicht noch einmal angeschaut. Der beobachtete Gegenstand kann zum Beispiel ein Bild von einer Blumenwiese an der Wand sein. Ihr Kind beobachtet das Bild also zuerst für eine Minute und versucht dann, alle Details nachzumalen. Das leere Blatt vor Ihrem Kind sollte sich langsam füllen: Bilderrahmen, grüne Wiese, farbige Blumen, Sonne, Baum, Eichhörnchen - all das, was auf dem originalen Bild zu sehen ist. Diese Übung trainiert die Beobachtungsfähigkeit Ihres Kindes. Der Schwierigkeitsgrad lässt sich hierbei ganz einfach steigern, indem die Beobachtungszeit immer mehr gekürzt wird.

Nummer 2 - Erkundungstour

Damit Ihr Kind lernt, die Welt und Umwelt aufmerksamer wahrzunehmen, muss es für diese Übung zunächst die Augen schließen. Stellen Sie nun Fragen zu den Gegebenheiten in dem Raum, in dem Sie sich befinden, wie zum Beispiel: „Welche Farbe hat das Bettlaken?“, „Wie viele Fenster gibt es in diesem Raum?“ oder „Stehen Blumen auf dem Tisch?“. Ihr Kind muss die Antwort dabei nicht laut aussprechen, da es bei dieser Übung nicht darum geht, eine korrekte Antwort zu erhalten. Stattdessen soll Ihr Kind dazu animiert werden, die Realität bewusster wahrzunehmen.

Nummer 3 - Nachzeichnen

Setzten Sie sich gemeinsam mit Ihrem Kind an einen Tisch. Sie benötigen für diese Übung zwei Blätter Papier und zwei Stifte. Sie beginnen die Übung, indem Sie ein einfaches Bild zeichnen. Dieses einfache Bild kann ein Strichmännchen, ein Baum, ein Haus, eine Blume oder etwas Anderes sein. Ihr Kind beobachtet Sie währenddessen aufmerksam und versucht, sich die Zeichnung mit allen Details einzuprägen. Anschließend drehen Sie Ihr Blatt Papier um. Ihr Kind versucht jetzt, Ihre Zeichnung so detailgetreu wie möglich aus dem

Gedächtnis wiederzugeben. Haben Sie zum Beispiel ein Haus mit Tür, zwei Fenstern und einem Schornstein gezeichnet, muss Ihr Kind versuchen, alle diese Details in seiner Zeichnung darzustellen. Je mehr Details Sie im Vorfeld in Ihrer Zeichnung unterbringen, desto schwieriger wird die Übung für Ihr Kind. Im Anschluss drehen Sie Ihr Blatt Papier wieder um und vergleichen die Zeichnung mit der Ihres Kindes. Hat Ihr Kind das Haus samt Tür, Fenstern und Schornstein nachgezeichnet? Sehr gut! Dann können Sie die nächste Zeichnung etwas anspruchsvoller gestalten. Vielleicht verwenden Sie bei der nächsten Zeichnung auch verschiedene Farben, die sich Ihr Kind zusätzlich merken sollte. Die Tür des Hauses wird gelb, die Fenster rot und der Schornstein braun. Ob Ihr Kind es schaffen wird, sich auch die zusätzlichen Farben zu merken? Probieren Sie es aus.

Nummer 4 – Beschreiben und Erkennen

Denken Sie sich einen beliebigen Gegenstand aus und beschreiben Sie ihn so präzise wie möglich. Wichtig ist, dass Sie diesen so gut wie möglich beschreiben, damit Ihr Kind erkennen kann, um welchen Gegenstand es sich handelt. Diese Übung kann auch sehr gut mit mehreren Personen gespielt werden. Der/ die Spieler/in, der/ die den Gegenstand zuerst errät, darf ihn nennen und sich einen neuen Gegenstand für die nächste Runde aussuchen. Denken Sie womöglich an einen Schrank, könnten Sie diesen wie folgt beschreiben: „Mein Gegenstand ist groß und hat Türen. Wenn man ihn aufmacht, kann man verschiedene Dinge wie Kleidung oder aber auch Geschirr reinlegen, je nachdem in welchem Zimmer mein Gegenstand steht.“. Denken Sie an ein Bett, könnte Ihre Beschreibung die Folgende sein: „Mein Gegenstand gibt es in verschiedenen Größen. Er ist für jeden Menschen jeden Alters gedacht. Auf meinem Gegenstand liegen eine Decke und ein Kissen und ich lege mich nachts zum Schlafen hinein.“.

Nummer 5 - Gegenstände erfühlen

Befüllen Sie einen großen Sack oder eine Tüte mit unterschiedlichen Gegenständen. Ihr Kind fasst nun in den Sack bzw. die Tüte hinein und versucht durch bloßes Tasten mit den Händen herauszufinden, um welche Gegenstände es sich jeweils handelt und benennt diese schließlich korrekt. Diese Übung macht Kindern besonders viel Spaß, weil sie so auch ihren Tastsinn trainieren können.

Übungen Für Kinder im Alter von 8 - 10 Jahren

Nummer 1 - Zahlenketten

Übungen mit Zahlenketten sind eine gute Möglichkeit, um das Merkvermögen Ihres Kindes zu steigern. Nennen Sie Ihrem Kind dafür jeden Tag eine Zahl, die es sich merken soll, zum Beispiel die Zahl „17“. Am folgenden Tag fragen Sie die Zahl ab. Insofern sich Ihr

Kind die Zahl gemerkt hat, fügen Sie nun eine weitere Zahl hinzu, welche es sich zusätzlich merken soll, zum Beispiel „9“. Weiß Ihr Kind auch am nächsten Tag noch all die Zahlen, die Sie ausgewählt haben, fügen Sie die nächste Ziffer hinzu, zum Beispiel „22“. Ihr Kind muss sich nun also folgende Zahlenkette merken: „17 – 9 – 22“. Um den Schwierigkeitsgrad dieser Übung zu steigern, können Sie auch zwei Ziffern an einem Tag nennen oder eine Ziffer und ein Wort, welches sich Ihr Kind merken soll.

Nummer 2 – Das umgekehrte Alphabet

Das Alphabet aufzusagen ist für die meisten Kinder keine Herausforderung mehr, jedoch kann das Aufsagen durch einige Änderungen erschwert werden. Beim Aufsagen des Alphabets kann Ihr Kind zum Beispiel jeden zweiten, dritten oder vierten Buchstaben weglassen oder das ABC einfach mal rückwärts aufsagen. Anstelle von „A, B, C, D, E, F, G, H, I, J, …“ lässt Ihr Kind jeden zweiten Buchstaben aus und sagt das Alphabet wie folgt auf: „A, C, E, G, I, …“. Eine zusätzliche Steigerung wäre dann das Rückwärtsaufsagen mit Auslassen jedes zweiten Buchstabens.

Nummer 3 – Ich packe meinen Koffer

„Ich packe meinen Koffer“ ist ein klassisches Gehirnjogging-Spiel, welches sich bei Jung und Alt großer Beliebtheit erfreut. Das Kofferpacken hat auf jeden Fall seine Daseinsberechtigung, da es das Konzentrationsvermögen enorm in Anspruch nimmt. Sie können diese Übung mit Ihrem Kind allein oder in einer größeren Runde durchführen. Der/ die erste Spieler/in denkt sich dafür einen Gegenstand aus, den er/ sie anschließend in seinen imaginären Koffer einpackt und sagt: „Ich packe meinen Koffer und nehme mit" und fügt dann diesen Gegenstand am Ende des Satzes ein, zum Beispiel: „Ich packe meinen Koffer und nehme mit eine Hose.". Der/ die zweite Spieler/in packt dann zusätzlich einen weiteren Gegenstand ein und erwähnt zunächst den bereits vom ersten Spieler eingepackten Gegenstand, also beispielsweise: „Ich packe meinen Koffer und nehme mit eine Hose und einen Pullover.". Alle Spieler/ innen, die anschließend an der Reihe sind, nennen zuerst all die Gegenstände, die bereits eingepackt sind und fügen dann einen Neuen mit hinzu, dabei ist die Reihenfolge unbedingt einzuhalten.

Nummer 4 – Merk dir das

Für diese Übung setzt sich Ihr Kind bequem hin. Vor ihm/ ihr platzieren Sie verschiedene Gegenstände aus dem Alltag, wie zum Beispiel eine Tasse, ein Stift, ein Buch, eine Flasche, die Fernbedienung, eine Kerze oder eine Handcreme. In einem vorgegebenen Zeitraum muss sich Ihr Kind nun so viele dieser Gegenstände merken wie möglich. Der Zeitraum des Merkens und Ansehens sollte auf die Anzahl der Gegenstände angepasst sein. Je mehr Gegenstände sich Ihr Kind merken soll, desto schwieriger wird die Aufgabe und desto mehr Zeit benötigt Ihr Kind, um sich diese einzuprägen. Anschließend decken Sie die Gegenstände mit einer Decke ab. Ihr Kind muss sich nun an so viele Gegenstände wie möglich erinnern und sie aus dem Gedächtnis nennen: „Buch“, „Flasche“, „Handcreme“, …“. Den Schwierigkeitsgrad kann erhöht werden, indem das Kind die Gegenstände in einer bestimmten Reihenfolge aufsagen muss, zum Beispiel von klein zu groß.

Nummer 5 – Was passt nicht in die Reihe?

Nennen Sie Ihrem Kind jeweils vier Gegenstände oder Tiere. Dabei darf eines dieser vier Dinge nicht zu den anderen passen. Ihr Kind muss nun den Gegenstand bzw. das Tier erkennen, das nicht zu den anderen in der Reihe dazugehört. Sagen Sie zum Beispiel die Gegenstände „Gabel“, „Messer“, „Stift“ und „Löffel“, muss Ihr Kind laut das Wort „Stift“ rufen, da dieses nicht in die Reihe passt. Geben Sie die Wortreihe „Hund, Fisch, Katze, Hase“ vor, muss Ihr Kind laut „Fisch“ rufen, da dieses Tier als einziges nicht auf dem Land lebt.

Übungen Für Kinder im Alter von 11 – 13 Jahren

Nummer 1 – Die Wegbeschreibung

Die Übung „Wegbeschreibung“ ist vor allem für die Kinder geeignet, die bereits gut Schreiben gelernt haben. Bei dieser Übung wird der Weg von der Schule bis nach Hause aufgeschrieben, und zwar so, dass andere

Menschen das zu Hause des Kindes anhand der Beschreibung finden könnten. Diese Übung ist auch für Kinder, die noch nicht schreiben können, geeignet. Diese könnten ihr Gedächtnis ganz einfach trainieren, indem sie den Weg zeichnen.

Nummer 2 - Der umgekehrte Tagesablauf

Ziel dieser Übung ist es, die Ereignisse des Tages rückwärts zu nennen und dadurch die eigene Konzentration herauszufordern. Der umgekehrte Tagesablauf könnte also so lauten: „Zuerst habe ich mir meine Zähne geputzt und Abendbrot gegessen. Als Zweites habe ich ein Buch gelesen und mit Papa gespielt. Als Drittes habe ich meine Hausaufgaben gemacht und etwas gegessen. Danach bin ich aus der Schule gekommen, wo ich erst Sport, dann Mathe und Kunst hatte. Dann bin ich zur Schule gegangen und habe gefrühstückt. Als Letztes habe ich mir meine Zähne geputzt, mich angezogen und bin aufgestanden.“.

Nummer 3 - Die umgekehrten Sätze

Geben Sie Ihrem Kind vier Sätze vor, die es rückwärts richtig aufschreiben soll. Dabei sollte Ihr Kind Buchstabe für Buchstabe vorgehen. Geben Sie Ihrem Kind beispielsweise folgenden Satz vor: „Am Dienstag gehe ich Eis essen.“. Ihr Kind schreibt für diese Übung: „nessE siE hci eheg gatsneiD mA.“.

Nummer 4 – Bilder einprägen

Lassen Sie Ihr Kind sich ein beliebiges Bild für eine ganze Minute lang anschauen. Nachdem die Minute abgelaufen ist, wird das Bild umgedreht und Ihr Kind muss versuchen, alle sich auf dem Bild befindlichen Dinge aufzuzählen. Zeigen Sie Ihrem Kind ein Familienfoto, sollte es versuchen, alle Familienmitglieder aufzuzählen und zu beschreiben. Man kann auch gezielt nachfragen, wie „Wie viele Menschen tragen eine Brille?“.

Nummer 5 – Die Einkaufsliste

Bevor Sie das nächste Mal gemeinsam Einkaufen gehen, überlegen Sie sich zu Hause zusammen mit Ihrem Kind fünfzehn verschiedene Dinge, die Sie einkaufen möchten. Diese fünfzehn Dinge schreiben Sie jedoch nicht auf. Ihr Kind muss sich diese merken und ohne Einkaufsliste in den Einkaufswagen legen. Legen Sie gemeinsam im Vorfeld fest, dass folgende Lebensmittel im Einkaufswagen landen müssen: Bananen, Tomaten, Toast, Joghurt, Milch, Gurke, Käse, Wasser, Eier, Reis, Nudeln, Ketchup, Wurst, Salat, Schokolade. Ihr Kind versucht nun, so viele der Lebensmittel wie möglich aus dem Gedächtnis abzurufen und in den Einkaufswagen zu legen. Wiederholen Sie diese Übung jedes Mal, wenn Sie einkaufen gehen. Sie werden schnell feststellen, dass sich Ihr Kind von Mal zu Mal mehr Dinge merken kann und in den Einkaufswagen legt.

Konzentrationsspiele - auditive Konzentration

Durch auditive Konzentrationsspiele kann die bessere Verarbeitung von erfasstem Gehörtem durch das Gehirn trainiert werden. Akustische Signale sollen durch auditives Training besser aufgenommen, differenziert und verarbeitet werden können.

Übungen Für Kinder im Alter von 5 - 7 Jahren

Nummer 1 - Geschichten

Lesen Sie Ihrem Kind eine Geschichte vor und formulieren Sie vorab Fragen zu dieser Geschichte. Sie könnten eventuell fragen, wer der Held der Geschichte ist, von wie vielen Personen die Geschichte handelt oder ob Tiere auftreten. Das führt dazu, dass sich Ihr Kind auf die gewählten Fragen konzentriert und aufmerksamer zuhört. Sobald Ihr Kind die Antwort auf eine Ihrer Fragen weiß, darf es natürlich antworten. Als Steigerung des Schwierigkeitsgrades können Sie Ihr Kind auch einfach selbst eine Geschichte vorlesen lassen, zu welcher Sie sich dann auch vorab Fragen überlegen.

Nummer 2 - Die Zahlen

Das Zahlenspiel ist besonders für die Kinder geeignet, die bereits Zählen gelernt haben. Zählen Sie dafür Ihrem Kind vor und lassen Sie stellenweise einige Zahlen aus. Ihr Kind sollte die fehlenden Zahlen erkennen und umgehend einfügen. Exemplarisch könnten Sie wie folgt zählen: „1, 2, 4, 5, 6, 9, 10, 12.“. Ihr Kind müsste also die Zahlen „3“, „7“, „8“ und „11“ nennen.

Nummer 3 - Das im Takt klatschen

Fangen Sie an zu klatschen, wobei Ihr Kind Ihren vorgegebenen Rhythmus jeweils nachklatschen muss. Wechseln Sie den Rhythmus zwischendurch.

Nummer 4 - Die richtige Richtung

Zu Beginn dieser Übung schließt Ihr Kind die Augen. Anschließend klopfen Sie an verschiedene Gegenstände im Raum, woraufhin Ihr Kind jeweils in die entsprechende Richtung zeigen muss. Bewegen Sie sich dabei in verschiedene Ecken des Raumes und klopfen Sie an unterschiedlich klingende Gegenstände.

Nummer 5 - Stille

Das Ziel dieses Spiels ist es, die Konzentration Ihres Kindes in Stille zu trainieren. Dafür legen Sie zu Beginn eine Zeit, zum Beispiel eine Minute fest, in der Ihr Kind still sein und einfach nur dasitzen muss. Die Fähigkeit, still und ruhig sein zu können ist eine wesentliche

Komponente der Konzentrationsfähigkeit. Wählen Sie dafür zuerst eine kurze Zeitspanne aus und steigern Sie diese Schritt für Schritt. Besonders sinnvoll ist diese Übung direkt vor dem Lernen.

Übungen Für Kinder im Alter von 8 - 10 Jahren

Nummer 1 - Das Hören und das Zählen

Für dieses akustische Konzentrationsspiel ist präzises Zuhören erforderlich. Hierbei hört Ihr Kind einem Gespräch, einer Sendung oder einer vorgelesenen Geschichte aus einem Buch zu und versucht dabei, bestimmte Wörter herauszufiltern und diese zu zählen. Beispielsweise legen Sie im Vorfeld fest, dass sich Ihr Kind jedes „und" oder „auf" merken soll. Zur Steigerung dieser Übung bietet es sich an, auf mehr als nur ein Wort zu achten, zum Beispiel „in" und „schnell" oder gleichzeitig dem Gespräch oder der Geschichte zu folgen.

Nummer 2 - Das Wasserglas

Die Übung mit dem Wasserglas ist perfekt für warme Sommertage. Alles, was benötigt wird, ist ein Glas und ein mit Wasser befüllter Messbecher. Verbinden Sie nun Ihrem Kind die Augen. Im Anschluss muss dieses versuchen, das Wasser aus dem Messbecher in das leere Glas zu füllen. Dabei ist wichtig, dass das Wasser nicht überlaufen sollte. Sinn der Übung ist es, dass sich das Kind auf die Geräusche, welche durch das einlaufende Wasser entstehen, fokussiert und so herausfindet, wie voll das Glas bereits ist und mit dem Eingießen stoppt, bevor das Wasser überläuft. Um diese Übung in einen kleinen Wettbewerb zu transformieren, könnte man mittels einer Stoppuhr erfassen, welches Kind (bei mehreren Kindern) die meisten Gläser möglichst voll befüllt hat.

Nummer 3 – Laute

Sagen Sie Ihrem Kind eine Reihe von Wörtern auf. Dabei muss Ihr Kind entscheiden, ob ein bestimmter vorher festgelegter Laut, wie z.B. „D“ im Wort vorhanden ist oder nicht. Im Wort „Dach“ ist das „D“ vorhanden, in dem Wort „Tanz“ jedoch nicht.

Nummer 4 – Die Lautverbindungen

Für diese Übung sprechen Sie Ihrem Kind Sätze vor, in denen Sie falsche Laute einbauen. Zweck dabei ist, dass Ihr Kind aufmerksam zuhört und immer dann auf den Tisch klopft, wenn es eine falsche Lautverbindung hört. Beispielhaft für eine falsche Lautverbindung sind die Sätze: „Leute schneint die Wonne.“ oder „Im Wonner ist es zarm.“. Anschließend sollte der Satz korrekt nachgesprochen werden. „Heute scheint die Sonne.“ und „Im Sommer ist es warm.“.

Nummer 5 - Satzlänge

Lesen Sie Ihrem Kind einen beliebigen Satz vor. Währenddessen zählt Ihr Kind leise die Anzahl der darin vorhandenen Wörter und zeigt am Ende die Anzahl mit seinen Fingern auf. Der Satz: „Der Weihnachtsmann reist in einer Nacht um die ganze Welt und verteilt Geschenke an die Kinder." hat sechzehn Wörter. Der Satz: „Am Himmel fliegt ein großer Vogel." hat nur sechs Wörter.

Übungen Für Kinder im Alter von 11 - 13 Jahren

Nummer 1 - Geräusche-Memory

Bei dieser Übung ist es wichtig, ganz leise zu sein und präzise zu hören. Bei diesem Memory werden anstelle von Bilderpaaren Geräuschpaare gesucht. Benötigt werden dafür mehrere undurchsichtige Gefäße und unterschiedliche Materialien wie Reis, Sand oder Zucker zum Befüllen. Nun werden jeweils zwei Gefäße mit demselben Material befüllt und gut verschlossen. Wichtig dabei ist, den Behälter nur bis zur Hälfte zu befüllen, damit Ihr Kind anschließend noch ausreichend schütteln kann. Die zusammengehörenden Gefäße werden nun jeweils an der Unterseite markiert. Um die Übung zu starten, müssen die Gefäße gut gemischt werden. Der Ablauf ist derselbe wie beim klassischen Memory. Ihr Kind darf nun jeweils zwei Gefäße nehmen, von denen es glaubt, dass diese ein Paar ergeben. Anschließend können diese geschüttelt werden, um zu überprüfen, ob sie tatsächlich zusammengehören. Ergeben die Gefäße ein Paar, kann Ihr Kind noch mal versuchen, zwei zusammengehörende Behälter zu finden. Ergeben die Gefäße jedoch kein Paar, werden sie wieder zurückgestellt und der/ die nächste Spieler/in ist an der Reihe. Wichtig ist natürlich, dass die Geräusche gemerkt werden, sodass Runde für Runde die zusammengehörenden Behälter gefunden werden können.

Nummer 2 – Das Buchstabieren

Geben Sie Ihrem Kind ein beliebiges Wort vor, welches es dann buchstabieren soll. Der Schwierigkeitsgrad kann bei dieser Übung ganz einfach erhöht werden, indem das Wort rückwärts buchstabiert wird oder komplexere Begrifflichkeiten verwendet werden. Beginnen Sie vielleicht mit einem einfachen Wort wie „Telefon", „Wäscheständer" oder Tischkante" und steigern Sie die Übung mit schwereren Begriffen wie „Symmetrie", „Empathie" oder „Gelatine".

Nummer 3 – Substantive merken

Lesen Sie Ihrem Kind eine Geschichte in einem etwas zügigeren Tempo vor, um so den Schwierigkeitsgrad etwas anzuheben. Die Aufgabe Ihres Kindes ist es nun, die Substantive aufzuschreiben. Anschließend wird verglichen, ob Ihr Kind alle Wörter vollständig und richtig notiert hat.

Nummer 4 - Buchstaben hören

Sprechen Sie Ihrem Kind verschiedene Wörter vor. Dabei wählt Ihr Kind jeweils immer den zweiten Buchstaben jeden Wortes und spricht diesen laut aus. Wählen Sie also das Wort „Prozess“ aus, muss Ihr Kind den Buchstaben „r“ nennen. Entscheiden Sie sich für das Wort „Schloss“, muss Ihr Kind den Buchstaben „c“ nennen. Den Schwierigkeitsgrad dieser Übung kann man erhöhen, indem man jeweils den dritten, vierten oder vorletzten Buchstaben des Wortes heraushören soll.

Nummer 5 - Das Radio

Schalten Sie das Radio ein oder starten Sie einen Podcast. Nun drehen Sie die Lautstärke herunter, wobei Ihr Kind versuchen muss, das Gesagte zu verstehen. Fragen Sie bei verschiedenen Lautstärken immer wieder nach, ob das Kind das Gesagte gehört hat.

Konzentrationsspiele - Vielfalt

Konzentrationsspiele der Kategorie „Vielfalt“ beinhalten verschiedene Übungen, die nicht nur die Konzentration, sondern auch die Kreativität, das räumliche Denkvermögen, die Reaktionsgeschwindigkeit, die Präzision und soziale Kompetenzen trainiert und fördert.

Übungen Für Kinder im Alter von 5 - 7 Jahren

Nummer 1 - Wolken

Die Voraussetzung für diese Übung sind wolkige Tage. Wolken sind besonders gut für Konzentrationsübungen geeignet, da sie das räumliche Denken sowie die Kreativität trainieren. Legen bzw. setzen Sie sich gemeinsam mit Ihrem Kind auf den Boden und beobachten die Wolken, die vorbeiziehen. Versuchen Sie nun, so viele Formen wie möglich in den Wolken zu entdecken und verfolgen Sie diese Formen mit Ihren Augen für einige Augenblicke. Sobald Ihr Kind eine Form, zum Beispiel ein Herz entdeckt hat, schließt es für etwa zehn Sekunden die Augen, bevor es diese erneut öffnet und versucht, die Form in den Wolken wiederzufinden.

Nummer 2 - Die Elemente Luft, Wasser und Erde

Nennen Sie eines der Elemente Luft, Wasser oder Erde. Ihr Kind versucht nun so schnell wie möglich ein Tier zu nennen, welches in diesem Element lebt. Wählen Sie das Element Wasser aus, könnte die Antwort Ihres Kindes „Fisch", „Delphin" oder „Hai" lauten. Für das Element Erde könnte „Giraffe", „Elefant" oder „Hund" genannt werden. Mögliche Antworten für das Element Luft wären „Taube", „Möwe" oder „Adler". Diese Übung lässt sich auch wunderbar mit mehreren Kindern ausüben, indem Sie einen kleinen Wettbewerb daraus machen. Das Kind, welches zuerst ein Tier genannt hat, dass sich dem ausgesuchten Element zuordnen lässt, darf in der nächsten Runde das nächste Element aussuchen. Wichtig ist, dass die bereits erwähnten Tiere nicht doppelt genannt werden dürfen.

Nummer 3 - Gegensätze

In diesem Spiel geht es um Gegensatzpaare. Schlagen Sie Ihrem Kind ein Wort vor, zu welchem es anschließend das Gegenteil nennen muss. Sagen Sie zum Beispiel „groß", muss Ihr Kind „klein" sagen. Wählen Sie das Wort „kalt", dann lautet der Gegensatz „heiß". Der Gegensatz von „rund" wäre „eckig" und von „laut" wäre es „leise".

Nummer 4 - Das Zählen

Für diese Übung benötigt Ihr Kind lediglich eine vollgeschriebene Seite aus einer Zeitung oder einem Heft.

Nun kann Ihr Kind beispielsweise zählen, wie oft der Buchstabe „o" zu finden ist. In den Wörtern „Boot" und „Oktober" ist das „O" jeweils zwei Mal vorhanden. Im Wort „hoch" jedoch nur ein Mal. Auch ein vorher festgelegtes Wort wie „aber" kann gezählt werden. Als Hilfsmittel können hierbei farbige Stifte fungieren.

Nummer 5 - Schmecken

Setzen Sie sich gemeinsam mit Ihrem Kind an einen Tisch. Bereiten Sie verschiedene Häppchen vor, die Sie auf kleinen Tellern auf den Tisch stellen. Ihr Kind darf diese Häppchen im Vorfeld jedoch nicht sehen, da es diese gleich erraten muss. Verbinden Sie Ihrem Kind deshalb mit einem Tuch die Augen. Mit verbundenen Augen muss Ihr Kind nun nacheinander erraten, um welches Häppchen es sich jeweils handelt. Für die Häppchen können Sie verschiedene Lebensmittel wie Gurke, Tomate, Banane, Brot, Nudeln, Joghurt, Apfel oder Schokolade auswählen.

Übungen Für Kinder im Alter von 8 - 10 Jahren

Nummer 1 - Gesellschaftsspiele

Jegliche Gesellschaftsspiele sind ganz besonders für kleine Kinder wichtig, um bereits früh soziale Kompetenzen mit anderen zu entwickeln und zu fördern. Dabei wird die Konzentrationsfähigkeit insbesondere beim Spielen von Memory, Suchbildern, Kartenspielen, Lösen von Puzzeln oder von Rätseln verbessert.

Nummer 2 - Die vertauschten Anfangsbuchstaben

Für dieses Spiel eignen sich am besten zusammengesetzte Wörter wie „Baumhaus", „Fußball" oder „Wasserflasche". Formen Sie gemeinsam mit Ihrem Kind einfach neue und lustige Wortschöpfungen, indem der jeweilige Anfangsbuchstabe der beiden Wörter miteinander vertauscht wird. Aus „Baumhaus" wird „Haumbaus", aus „Fußball" wird „Bußfall" und aus „Wasserflasche" wird „Fasserwlasche".

Nummer 3 - Die endlose Geschichte

Ziel dieser Übung ist es, gemeinsam mit der ganzen Familie eine endlose Geschichte zu erzählen. Dabei nennt jede/r Spieler/in ein Wort, welches zum vorherigen passt und so einen korrekten Satzbau ermöglicht. Der/ die erste Spieler/in beginnt also ein Wort zu sagen, wobei Spieler/in zwei anschließend ein passendes Wort anfügt. Im dritten Schritt erweitert Spieler/in drei den Satz mit einem neuen Wort, um diesen so fortzusetzen. Die endlose Geschichte beginnt möglicherweise so, dass Spieler/in eins das Wort „eines" sagt. Spieler/in zwei ergänzt daraufhin zum Beispiel das Wort „schönen". Spieler/in drei fügt das Wort „Tages" hinzu. Demnach würde die endlose Geschichte mit dem Satz: „Eines schönen Tages" beginnen. Dieser Satz wird im Verlauf der Übung von jedem/r nachfolgenden Spieler/in ergänzt und vervollständigt.

Nummer 4 – Fehlergeschichten

Erzählen Sie Ihrem Kind eine Geschichte und bauen Sie dabei kleine Fehler ein, wie „der rote Himmel", „der eckige Kreis" oder „das blaue Gras". Sobald Ihr Kind den Fehler bemerkt, darf es „Fehler" rufen. Besonders spaßig wird diese Übung, wenn mehrere Kinder spielen und die Übung als ein Wettbewerb durchgeführt wird.

Nummer 5 – Das Ja und Nein Verbot

Diese Übung ist für zwei Spieler geeignet. Der/ die erste Spieler/in fragt und der/ die andere Spieler/in antwortet. Die Länge einer Spielrunde ist variabel, sollte aber möglichst nicht länger als zwei Minuten sein. Der/ die erste Spieler/in stellt dem/ der anderen Spieler/in zum Beispiel eine Minute lang Fragen, die so formuliert sind, dass der/ die zweite Spieler/in diese am liebsten mit „Ja" oder mit „Nein" beantworten möchte. Die Antworten „Ja" und „Nein" sind bei dieser Übung jedoch nicht erlaubt. Der/ die antwortende Spieler/in muss die Antwort also so formulieren, dass weder ein „Ja" noch ein „Nein" zu hören ist. Stellt Spieler/in eins also möglicherweise die Frage: „Bist du ein Junge?", darf Spieler/in zwei nicht mit „Ja" oder „Nein" antworten, sondern muss diese Antworten umgehen und stattdessen sagen: „Ich bin ein Mädchen." oder „Ich bin ein Junge.". Gewonnen hat entweder der/ die antwortende Spieler/in, wenn er/ sie es geschafft hat, eine Minuten lang weder „Ja" noch „Nein" zu sagen oder der/ die fragende Spieler/in, wenn der/ die andere mit „Ja" oder mit „Nein" geantwortet hat. Besonders schön ist auch, dass Ihr Kind bei der Übung spielerisch seine sprachliche Ausdrucksfähigkeit stärkt.

Übungen Für Kinder im Alter von 11 - 13 Jahren

Nummer 1 - Die Wortkette

Diese Übung fördert nicht nur die Konzentration, sondern gleichzeitig auch das Erlernen von neuen Wörtern. Ihr Kind beginnt und nennt einen Begriff, welcher aus zwei Wörtern zusammengesetzt ist, beispielsweise „Hausschlüssel". Nun ist das nächste Kind bzw. sind Sie an der Reihe, indem das zweite Wort des vorherigen Wortes genommen wird und daraus ein neues Wort gebildet wird. Aus „Hausschlüssel" wird nun beispielsweise „Schlüsselbund". Nun ist der/ die nächste Spieler/in an der Reihe und bildet aus „Schlüsselbund" beispielsweise das Wort „Bundhose". Eine andere Wortkette könnte mit dem Wort „Sturmregen" beginnen. Der/ die nächste Spieler/in bildet nun das Wort „Regenschirm" und der/ die nächste das Wort „Schirmständer". Wichtig bei dieser Übung ist, dass die Wörter tatsächlich in der deutschen Sprache existent sind.

Nummer 2 – Das Reimen

Sprechen Sie ein beliebiges Wort laut aus. Ihr Kind muss daraufhin ein Wort nennen, welches sich mit Ihrem Wort reimt. Anschließend ist der/ die Nächste an der Reihe, ein weiteres, sich reimendes Wort zu nennen. Die Übung geht so lange, bis einem der Spieler kein Reimwort mehr einfällt. Das erste Kind könnte also eventuell das Wort „Bein“ sagen. Das zweite Kind muss nun ein Wort finden, das sich auf „Bein“ reimt, beispielsweise das Wort „Nein“. Das dritte Kind überlegt sich ein weiteres Wort, welches sich auf die beiden vorherigen Wörter reimt, zum Beispiel das Wort „sein“. Das erste Kind könnte aber auch das Wort „Haus“ sagen, woraufhin die anderen Kinder passende Reime zum Wort „Haus“ finden müssten. Auf das Wort „Haus“ reimen sich unter anderem die Wörter „Maus“, „Laus“, „Klaus“ und „Schmaus“.

Nummer 3 – Hölzchen

Für diese Übung werden eine Flasche, eine Packung Streichhölzer und eine ruhige Hand benötigt. Gespielt werden muss mit mindestens zwei Spieler/innen, aber mehr sind möglich. Das Hölzchen-Spiel fördert besonders die feinmotorischen Fähigkeiten Ihres Kindes. Platzieren Sie die Flasche auf dem Boden zwischen den einzelnen Spieler/innen. Der Reihe nach legt nun jede/r Spieler/in jeweils ein Streichholz auf den Flaschenkopf. Spieler/in eins beginnt also ein Hölzchen auf den Flaschenkopf zu legen. Spieler/in zwei legt ein weiteres Hölzchen hinzu und Spieler/in drei ein drittes. Die Übung geht so lange, bis die Hölzchen bei einem/r Spieler/in herunterfallen. Diese/r Spieler/in hat die Runde verloren und darf die Nächste beginnen. Das Spiel wird von Runde zu Runde schwieriger, weil immer weniger Platz auf dem Flaschenkopf zur Verfügung steht.

Nummer 4 - Wort und Satz

Geben Sie Ihrem Kind ein beliebiges Wort vor. Beginnen Sie zunächst mit relativ kurzen Worten und erhöhen Sie die Wortlänge mit der Zeit. Aus den einzelnen Buchstaben des Wortes bildet Ihr Kind jetzt einen vollständigen Satz. Dabei müssen die Buchstaben des Wortes mit den Anfangsbuchstaben der einzelnen Wörter in richtiger Reihenfolge übereinstimmen. Der Inhalt des Satzes muss keinen Sinn ergeben, sollte jedoch einen korrekten Satzbau haben. Geben Sie Ihrem Kind zum Beispiel das Wort „Dose“ vor, kann Ihr Kind den folgenden Satz aus den jeweiligen Buchstaben des Wortes bilden: „Der Orca sucht Essen.“. Aus dem Wort „Jahr“ lässt sich der Satz „Julia aß heute Reis.“ bilden und aus dem Wort „Heizung“ kann der Satz „Heute esse ich Zitronenkuchen und neun Gurken.“ geformt werden.

Nummer 5 - Der Tastsinn

Wichtig bei dieser Übung ist, alle anderen Sinne auszuschalten, um so den Tastsinn noch zu verstärken. Ihr

Kind schließt dafür die Augen und ertastet zunächst mit den Fingern einer Hand die andere Hand. Dabei ertastet Ihr Kind zuerst die Fingernägel jedes einzelnen Fingers und tastet sich anschließend zur Handinnenfläche vor. Gerne kann Ihr Kind laut beschreiben, wie sich die Innenseite und der Handrücken anfühlen. Beim Ertasten kann Ihr Kind variieren, mit welchem Teil der Hand es die verschiedenen Stellen erkunden möchte. Je nachdem, mit welcher Stelle der Hand Ihr Kind eine andere Stelle berührt, wird es diese unterschiedlich wahrnehmen. Dabei kann zwischen der Handfläche, den Fingern, den Fingerspitzen und der ganzen Hand gewechselt werden. Sobald Ihr Kind die gesamte Hand abgetastet hat, kann es beginnen, den Unter- und Oberarm zu entdecken. Wichtig ist, dass sich Ihr Kind bei dieser Entdeckungstour ausreichend Zeit nimmt, um die verschiedenen Bereiche zu ertasten. Fragen Sie Ihr Kind: „Wie fühlt sich diese Stelle an?“ oder „Wie fühlt es sich mit den unterschiedlichen Variationen an?“. Der Sinn dieser Übung ist, dass sich Ihr Kind der Aufgabe vollkommen hingibt und sich Zeit mit dem Ertasten lässt.

Konzentrationsspiele - Bewegung

Konzentrationsübungen mit integrierter Bewegung sind sehr gut dazu geeignet, den Fokus Ihres Kindes zu stärken und zu verbessern. Bewegung stellt einen hervorragenden Ausgleich zum geistigen Arbeiten dar. Körperliche Aktivität beeinflusst die Gehirnleistung positiv und regt den Stoffwechsel an. Folglich werden Gehirn und Muskeln besser durchblutet und so gestärkt. Konzentrationsspiele, die die Bewegung Ihres Kindes fördern, schaffen gleichzeitig auch mehr Raum für neue Sinneseindrücke. Des Weiteren sind diese Übungen abwechslungsreich und fühlen sich weniger nach Hausaufgaben an, da Ihr Kind nicht still sitzen muss, sondern sich frei bewegen kann. Außerdem fördern Bewegungsübungen die körperliche Koordinationsfähigkeit und Motorik.

Übungen Für Kinder im Alter von 5 - 7 Jahren

Nummer 1 - Balanceakt

Geben Sie Ihrem Kind jeweils eine Toilettenrolle in jede Hand. Jetzt muss es versuchen, eine dritte Rolle mit den Händen zu einem Ziel zu transportieren, welches Sie im Vorfeld festgelegt haben. Um diese Übung anspruchsvoller zu gestalten, können auch mehrere Rollen transportiert und zusätzlich auch die Geschicklichkeit und Balance trainiert werden.

Nummer 2 – Füße

Bei dieser Übung versucht Ihr Kind mit nackten Zehen eine Socke oder andere Gegenstände aufzuheben. Noch mehr Spaß macht diese Übung, wenn sie mit der Familie gemeinsam gespielt wird. Dafür setzt sich die Familie in einen Kreis und reicht die Socke jeweils mit den Füßen weiter.

Nummer 3 – Hindernisparcours

Bauen Sie in der Wohnung oder im Garten einen kleinen Hindernisparcours auf, den Ihr Kind anschließend absolvieren muss. Dabei sollten verschiedene Fertigkeiten wie Balancieren, Kriechen, Laufen und Springen eingebunden werden. Ihr Kind könnte unter einer Stuhlreihe, die mit einem Tuch oder einem Laken bedeckt ist und so einen Tunnel ergibt, hindurchkriechen. Eine Reihe aus Konservendosen oder Wasserflaschen kann zum Slalom laufen genutzt werden und in große, offene Boxen kann Ihr Kind hineinhüpfen. Sie können außerdem einen langen Schal auf den Boden legen, über den Ihr Kind balancieren muss.

Nummer 4 – Ballwerfen

Ballspiele machen auch jüngeren Kindern eine Menge Spaß. Alles was benötigt wird, ist ein Ball und ein oder mehrere Behälter (z.B. ein Eimer oder ein Papierkorb), die aufgestellt werden. Ihr Kind muss nun versuchen, den Ball aus einer altersgerechten Entfernung in den bzw. die Behälter zu werfen. Schafft Ihr Kind es, den bzw. die Behälter zu treffen, geht es für die nächste Runde ein paar Schritte nach hinten und versucht, den Ball aus einer weiteren Distanz zu versenken.

Nummer 5 – Aufwachen

Besonders nach längeren Phasen der geistigen Anstrengung sind Kinder müde und ausgelaugt. Das ist die perfekte Zeit für ein kleines Aufwachspiel, dass Sie gemeinsam mit Ihrem Kind draußen oder vor einem geöffneten Fenster spielen können. Hierbei geben Sie Ihrem Kind Bewegungsabläufe vor, die es simultan ausführen muss. Sie könnten zum Beispiel sagen: „Bitte stell dich jetzt aufrecht hin und mache deinen Körper ganz lang. Strecke deinen rechten Arm zur Seite aus. Jetzt schlägst du mit deiner linken Hand leicht auf deinen rechten ausgestreckten Arm. Dabei beginnst du unten am Handgelenk und arbeitest dich langsam bis zu deiner Schulter nach oben. An deiner Schulter angekommen, wechselst du nun deine Hand. Schlage nun sanft mit deiner rechten Hand auf deinen linken Arm. Dort beginnst du wieder unten am Handgelenk und arbeitest dich ganz langsam bis zu deiner Schulter nach oben. Jetzt tippst du mit beiden Händen den Rest deines Körpers an, damit auch alle anderen Körperteile richtig wach werden. Beginne dabei mit deiner Brust und wandere langsam über deinen Bauch und deine Oberschenkel bis nach unten zu deinen Füßen. Wenn du an deinen Füßen angelangt bist, arbeitest du dich wieder langsam hoch zu deinen Schultern. Dieses Mal bearbeitest du aber deine Körperrückseite. Du tippst also zuerst deine Waden und dann deine hinteren Oberschenkel und deinen Po an.“. Sie als Spielleiter/in sollten dabei unbedingt mitmachen, weil das Nachahmen für Kinder leichter als komplizierte Beschreibungen ist.

Übungen Für Kinder im Alter von 8 – 10 Jahren

Nummer 1 – Taktgefühl

Für diese Übung wird ein mobiles Instrument, beispielsweise ein Triangel oder eine Flöte benötigt. Alternativ kann man aber auch einfach ein Lied mit einem einfachen Takt abspielen. Ihr Kind soll sich hierbei auf den Takt des Instruments bzw. des Liedes konzentrieren und diesem mit Schritten folgen. Sobald der Taktschlag aussetzt bzw. Sic das Licd anhalten, muss Ihr Kind genauso stehen bleiben und darf sich nicht mehr bewegen. Diese Übung lässt sich dabei bestens in einen kleinen Wettbewerb umwandeln, insofern mehrere Menschen mitspielen. Die am Spiel beteiligte Person, die sich nach Aussetzen des Taktschlages noch bewegt, scheidet aus.

Nummer 2 - Die Reise

Diese Übung eignet sich besonders gut für mehrere Kinder gleichzeitig. Sie alle stellen sich in einer Reihe auf und fragen den/ die Spielleiter/in jeweils: „Wie weit darf ich reisen". Daraufhin nennt der/ die Spielleiter/in ein Wort, wobei das Kind für jede Silbe des Wortes einen Schritt nach vorne machen darf. Sagt der/ die Spielleiter/in zum Beispiel das Wort „grün", darf das Kind, welches gefragt hat, wie weit es reisen darf, einen Schritt nach vorne machen. Sagt der/ die Spielleiter/in aber das Wort „Baumstamm", darf das Kind, welches gefragt hat, zwei Schritte nach vorne gehen. Wer zuerst an der Ziellinie angekommen ist, hat das Spiel gewonnen.

Nummer 3 - Einklang

Für diese Übung hält Ihr Kind die rechte Hand über den Kopf und bewegt diese auf und ab. Die Handinnenfläche tippt dabei im Rhythmus auf den Kopf. Gleichzeitig nimmt Ihr Kind nun die linke Hand auf den Bauch und lässt diese im Uhrzeigersinn kreisen. Beide Vorgänge laufen dabei parallel ab. Das bedeutet, dass Ihr Kind weiterhin mit der rechten Hand auf den Kopf tippt, während die linke Hand über den Bauch kreist. Ziel dabei ist es, die beiden unterschiedlichen Bewegungen in einen rhythmischen und automatisierten Einklang zu bringen. Um den Schwierigkeitsgrad dieser Übung zu steigern, kann das Tempo erhöht oder eine weitere Aufgabe wie im Kreis drehen oder hüpfen, hinzugenommen werden.

Nummer 4 – Gleichgewicht

Die Übung wird mit zwei ungefähr gleich großen, starken und schweren Kindern gespielt. Ziel ist es, sich gegenseitig aus dem Gleichgewicht zu bringen. Die beiden Kinder stehen sich gegenüber und berühren den jeweils anderen mit ihren Handflächen. Sie versuchen, das andere Kind nur durch Drücken der Hände aus der Balance zu bringen. Treten und Beinarbeit sind verboten und auch der Kopf und die Arme dürfen nicht genutzt werden. Nur die Drückbewegung ist erlaubt. Je besser die Konzentrationsfähigkeit Ihres Kindes ist, desto kraftvoller kann es drücken, um das andere Kind aus dem Gleichgewicht zu bringen.

Nummer 5 – Schattenlaufen

Für das Spiel „Schattenlaufen" braucht Ihr Kind einen Laufpartner. Das erste Kind beginnt nun, komplizierte Wege mit möglichst vielen Richtungsänderungen zu laufen. Das zweite Kind muss diesen Laufwegen so schnell wie möglich als „Schatten" folgen. Im Vorfeld sollte deshalb der Bewegungsraum etwas eingegrenzt werden. Nach einer vorher festgelegten Zeit wechseln die beiden Kinder und das zweite Kind gibt nun die Laufwege vor, denen das erste Kind folgen muss. Die Kinder trainieren bei dieser Übung nicht nur die

Schnelligkeit, sondern auch die Orientierung, die Differenzierung und die Reaktionsfähigkeit.

Übungen Für Kinder im Alter von 11 - 13 Jahren

Nummer 1 - Schritte zählen

Geben Sie Ihrem Kind eine Strecke vor, die es gehen soll. Die Aufgabe dabei ist, dass Ihr Kind alle Schritte ab dem Verlassen der Haustür und bis dorthin zurück zählt. Sollte Ihr Kind den Faden verlieren, muss noch mal von vorne begonnen werden. Den Schwierigkeitsgrad dieser Übung kann man ganz einfach steigern, indem man nur jeden zweiten oder gar dritten Schritt zählt.

Nummer 2 - Balance halten

Zur Durchführung dieser Übung nimmt Ihr Kind einen beliebigen Gegenstand aus dem Alltag und balanciert diesen auf dem Handrücken, den Fingerspitzen oder auf dem Fuß. Ziel dabei ist es, die Balance solange wie möglich aufrechtzuhalten. Dabei trainiert Ihr Kind drei verschiedene Teile des Gehirns simultan: die Konzentration, die Koordination und den Gleichgewichtssinn. Der Schwierigkeitsgrad kann durch Form, Art oder Textur des Gegenstandes sowie durch die Körperstelle, auf der der Gegenstand balanciert wird, variiert und so erschwert werden. Einen langen Stift auf dem Handrücken zu balancieren ist leichter, als ihn auf den Fingerspitzen im Gleichgewicht zu behalten.

Nummer 3 – Null-Acht

Zweck dieser Übung ist es, die Augen-Hand-Koordination Ihres Kindes zu trainieren. Zu Beginn der Übung stellt sich Ihr Kind aufrecht hin und zeichnet mit der linken Hand eine große Null in die Luft. Anschließend zeichnet es mit der rechten Hand eine große Acht in die Luft. Dieser Vorgang wird daraufhin erneut wiederholt. Im Anschluss hebt Ihr Kind beide Arme und malt beide Zahlen gleichzeitig in die Luft.

Nummer 4 – Fingerspitzengefühl

Zur Förderung der Konzentration und der motorischen Koordination tippt Ihr Kind bei dieser Übung mit der Spitze des linken Daumens jeweils auf die Fingerspitzen der übrigen Finger der linken Hand. Begonnen wird beim Zeigefinger. Anschließend geht es der Reihe nach um, bis man den kleinen Finger erreicht hat. Dort angekommen muss Ihr Kind den gesamten Weg zum Zeigefinger erneut zurücktippen. Um einen niedrigen Schwierigkeitsgrad dieser Übung zu erreichen, führt man diese Übung jeweils mit der linken und der rechten Hand nacheinander durch. Für einen hohen Schwierigkeitsgrad wird diese Übung mit beiden Händen simultan ausgeführt. Dabei können zudem auch entgegengesetzte Richtungen ausgewählt werden.

Nummer 5 - Ballwerfen

Ihr Kind braucht für diese Übung einen Ball und eine Wand, an die der Ball geworfen werden kann. Ihr Kind wirft den Ball nun zehn Mal an die Wand und muss ihn anschließend wieder auffangen, bevor er den Boden berührt. Wenn Ihr Kind es schafft, den Ball zehn Mal an die Wand zu werfen, schmeißt es den Ball im nächsten Durchgang nur noch neun Mal an die Wand und versucht ihn wieder aufzufangen, bevor er den Boden berührt. Wenn der Ball an der Wand aufprallt, klatscht Ihr Kind einfach einmal mit den Händen und fängt den Ball auf. Hat Ihr Kind den Ball neun Mal gegen die Wand geworfen, beginnt eine neue Runde. Jetzt wird der Ball nur noch acht Mal gegen die Wand geworfen und Ihr Kind muss nun zwei Mal klatschen, wenn der Ball an der Wand aufprallt. Das wiederholt Ihr Kind immer wieder. Mit jeder neuen Runde wird der Ball einmal weniger gegen die Wand geworfen, aber es wird immer einmal mehr in die Hände geklatscht. Wird der Ball sieben Mal gegen die Wand geworfen, wird beim Aufprall an der Wand fünf Mal geklatscht. Wird der Ball sechs Mal gegen die Wand geworfen, wird beim Aufprall an der Wand vier Mal geklatscht. Sollte der Ball nach dem Wurf gegen die Wand mal runterfallen, beginnt die Runde von vorne.

Konzentrationsspiele – In der Schule

Wenn die fünfte Stunde des Schulalltags erreicht ist und bereits vier anspruchsvolle Schulstunden vergangen sind, ist bei den meisten Kindern keine Konzentration mehr gegeben. Die Kinder reagieren dabei unterschiedlich auf die Anstrengung des Schulalltags. Lustlosigkeit, Hyperaktivität, Antriebslosigkeit oder Emotionalität sind dabei oft wiederzuerkennen. Aus diesem Grund ist es wichtig, den Kindern eine Pause zu geben und somit Körper und Geist Abwechslung zu verschaffen. Dadurch wird die Konzentrationsfähigkeit wiederhergestellt, sodass das Lernen leichter gestaltet werden kann.

Übungen Für Kinder im Alter von 5 – 7 Jahren

Nummer 1 – Bewachung

Im Klassenzimmer wird ein Kissen oder eine Decke auf den Boden gelegt, worauf sich anschließend ein/e Schüler/in setzt, wobei die Augen dieses Kindes verbunden werden. In Griffnähe vor dem Kind liegt ein Schatz. Die anderen Kinder müssen nun versuchen, sich an den Schatz heranzuschleichen und diesen zu ergreifen. Der/ die Bewacher/in muss den Schatz beschützen und verhindert, dass eines der anderen Kinder diesen wegnimmt. Der/die Bewacher/in sollte genau hinhören, aus welchen Richtungen Geräusche kommen. Wichtig hierbei ist, dass genug Platz für diese Übung vorhanden ist.

Nummer 2 - Der blinde Stand

Jedes Kind sucht sich eine/n Partner/in. Ein/e Schüler/in jeden Paares schließt nun die Augen und stellt sich auf ein Bein. Sie/ er sollte nun so ruhig wie möglich stehen, ohne dabei das Bein abzusetzen. Der/ die Lehrer/in gibt jetzt eine Zeit vor, zum Beispiel dreißig Sekunden. Während dieser dreißig Sekunden läuft nun Musik und das Kind muss versuchen, solange wie möglich auf einem Bein stehen zu bleiben. Das Stillstehen fällt den Kindern dabei leichter, desto leiser und ruhiger die Musik ist. Der/ die Partner/in beobachtet ganz genau, wie lange sein/e Mitschüler/in ruhig stehen bleibt. Anschließend wird zuerst eine Rückmeldung gegeben und danach gewechselt.

Nummer 3 - Fangen und Merken

Alle Schüler/innen stellen sich in einem Kreis auf. Ein Kind hat einen Ball in der Hand. Bevor dieses Kind den Ball zu einem anderen Kind wirft, nennt es seinen/ ihren Namen und eine Zahl (oder ein Tier, eine Farbe, ein Hobby). Das Kind, das den Ball gefangen hat, wiederholt den Namen des werfenden Kindes und die Zahl, die es genannt hat. Anschließend nennt es seinen/ ihren eigenen Namen und eine andere Zahl und wirft anschließend den Ball zu einem anderen Kind. Der Fänger wiederholt den Namen und die Zahl des Werfers und fügt seinen/ ihren Namen und eine Zahl hinzu, bevor er/ sie den Ball weiter wirft. Das erste Kind nennt also zuerst seinen Namen „Max“ und eine Zahl „5“ und wirft den Ball zu einem anderen Kind. Die Fängerin sagt jetzt zuerst den Namen und die Zahl vom ersten Kind „Max und 5“ und sagt ihren eigenen Namen „Lia“ und eine Zahl, z.B. „2,“ und wirft den Ball zum nächsten Kind. Der Fänger nennt zuerst „Lia und 2“ und sagt dann seinen eigenen Namen „David“ und die Zahl „7“ und wirft den Ball weiter.

Nummer 4 – Alle Vögel fliegen hoch

Alle Kinder sitzen im Klassenraum an ihren Tischen. Der/die Lehrer/in beginnt die Übung, in dem er/ sie sagt: „Alle Vögel fliegen hoch!“ Währenddessen trommeln die Kinder mit den Fingerspitzen oder beiden Handflächen auf den Tisch. Bei „Alle Vögel fliegen hoch!“ müssen alle Kinder die Arme in die Luft werfen. Anschließend sagt der/ die Lehrer/in den Satz erneut auf und ersetzt „Vögel“ dieses Mal durch ein anderes Tier wie „Elefant“. Die Kinder müssen nun ganz schnell überlegen, ob Elefanten überhaupt fliegen können und dementsprechend reagieren. Da Elefanten nicht fliegen können, dürfen sie auch die Arme beim Satz: „Alle Elefanten fliegen hoch!“ nicht in die Luft strecken. Sollte der/ die Lehrer/in bei der nächsten Runde wieder ein Tier nennen, das fliegen kann, müssen die Arme der Kinder wieder in die Höhe schnellen. Sagt der/ die

Lehrer/in: „Alle Tauben fliegen hoch!“, müssen die Arme nach oben gehen. Sagt der/ die Lehrer/in: „Alle Krokodile fliegen hoch!“, so bleiben die Arme unten.

Nummer 5 - Stille Post

Alle Kinder setzen sich in einem Stuhlkreis zusammen und legen ein Kind fest, das anfängt und sich einen Begriff oder einen Satz ausdenken darf. Diesen Begriff bzw. Satz flüstert das Kind nun seinem/r Sitznachbarn/in leise ins Ohr. Diese/r Sitznachbar/in muss aufmerksam zuhören und den geflüsterten Begriff bzw. Satz dem nächsten Kind leise ins Ohr sagen. Das geht solange, bis der Begriff bzw. der Satz beim letzten Kind angekommen ist. Dieses Kind sagt den Begriff bzw. den Satz nun laut auf. Daraufhin wird der ursprüngliche Begriff bzw. Satz des ersten Kindes laut gesagt und verglichen. In den meisten Fällen hat sich das ursprünglich Gesagte im Umlauf mehrfach verändert und lustige Kombinationen kommen zustande. Schwieriger, aber auch lustiger wird die Übung, wenn sich das erste Kind einen Zungenbrecher wie: „Schwarze Katzen kratzen mit scharfen Tatzen.“ oder „Brautkleid bleibt Brautkleid und Blaukraut bleibt Blaukraut.“ überlegt und diesen an das nächste Kind weitergibt. Dabei kommt garantiert eine lustige Kombination beim letzten Kind an.

Übungen Für Kinder im Alter von 8 - 10 Jahren

Nummer 1 - Das Klatschen

Bis auf ein Kind setzen sich alle Schüler/innen in einen Stuhlkreis. Das Kind, welches nicht sitzt, geht für einen Moment vor die Tür. Der/ die Lehrer/in gibt den anderen Kindern nun einen Takt vor, den diese nachklatschen müssen. Ein/e Schüler/in muss dabei die vorgegebene Melodie falsch klatschen. Das Kind, welches zu Beginn der Übung den Raum verlassen hat, kehrt nun wieder in die Klasse zurück. Es wird aufgefordert, den geklatschten Takten genau zuzuhören, um auf diese Weise das falsch klatschende Kind zu identifizieren. Der Schwierigkeitsgrad dieser Übung kann über die Größe der Gruppe reguliert werden. Je mehr Kinder in dem Stuhlkreis klatschen, desto schwieriger wird die Aufgabe. Variiert werden kann zudem, indem zwei Kinder auf die Suche nach dem falschen Takt gehen müssen oder wenn sogar zwei Kinder den falschen Takt klatschen. Zudem kann der Takt auch gepfiffen oder gestampft werden. Wichtig bei dieser Übung ist, dass die Kinder trotz des Klatschens möglichst leise sind.

Nummer 2 - Vorstellungskraft

Ziel dieser Übung ist es, die Vorstellungskraft der Kinder zu trainieren. Dafür erzählt der/ die Lehrer/in kurze, aber spezifische Handlungen, welche sich die Kinder vor dem inneren Auge bildlich vorstellen sollen. Mögliche Imaginationen sind dabei: „Stelle dir eine grüne Wiese mit bunten Blumen vor. Laufe nun durch das hohe Gras. Jetzt stellst du dir einen großen Baum vor, in dem ein kleiner Vogel wohnt. Stelle dir dabei ganz genau die Farbe des Vogels, die Struktur des Fells und die Geräusche vor, die dieser Vogel macht." Alternativ können natürlich auch Formen in die Köpfe der Kinder gezaubert werden, welche diese von allen Seiten betrachten sollen. Dabei wird nicht nur das räumliche Vorstellungsvermögen, sondern auch die Kreativität sowie der intentionale Fokus der Kinder geschult.

Nummer 3 - Auf Touren bringen

Bewegung sollte ein fester Bestandteil des Unterrichts sein, da diese zu einer besseren Denkleistung beiträgt. Je besser das Gehirn der Kinder mit Sauerstoff versorgt wird, desto effektiver können sie in der Schule arbeiten. Bewegung kann ganz leicht durch kurze, spielerische Sitzübungen in den Unterricht etabliert werden. Die Schüler/innen sollten häufiger mal aufstehen und nach vorne zur Tafel gehen, sich zwischendurch recken und strecken, mit den Fingern auf den Tisch trommeln und mit den Füßen trampeln. Bei solchen Entspannungs- und Lockerungsübungen sollte unbedingt die Bewegung mit einer richtigen Atmung kombiniert werden. Dabei kann die Yogaübung „Baum" ausgeführt werden. Die Kinder stellen sich aufrecht hin und strecken die Arme und Hände so weit es geht zur Decke. Die Handinnenflächen werden aneinandergelegt. Die

Kinder heben jetzt ein Bein ihrer Wahl und legen den Fuß auf dem anderen Fuß, dem Knie oder seitlich am Oberschenkel ab. Während der Übung atmen sie fünf Mal tief ein und aus und wechseln anschließend auf das andere Bein. Kurze Bewegungsübungen im Unterricht fördern nicht nur die Konzentration, sondern auch die Reaktionsfähigkeit, das Koordinationsvermögen, die Wahrnehmung und die Vorstellungskraft.

Nummer 4 – Das Körper-ABC

Beim Körper-ABC ordnet jede/r Schüler/in reihum einen Buchstaben des Alphabets einem Körperteil zu. Die Buchstaben „C", „Q", „X" und „Y" können gerne ausgelassen werden. Der/ die erste Schüler/in beginnt mit dem Buchstaben „A" und ordnet diesem ein beliebiges Körperteil mit demselben Anfangsbuchstaben, beispielsweise „Arm" oder „Auge" zu. Der/ die nächste Schüler/in ist an der Reihe, macht mit dem Buchstaben „B" weiter und nennt ein Körperteil, das mit einem „B" beginnt, zum Beispiel „Bauch" oder „Bein". Der/ die nächste Schüler/in ordnet jetzt dem Buchstaben „D" ein Körperteil zu, beispielsweise „Daumen" oder „Darm". Wenn alle Schüler/innen einmal an der Reihe waren, beginnt wieder der/ die erste Schüler/in und ordnet dem nachfolgenden Buchstaben ein passendes Körperteil zu.

Nummer 5 - Bingo

Jedes Kind zeichnet auf einem Blatt Papier ein Quadrat auf. Das Quadrat sollte vier Kästchen mal vier Kästchen groß sein, insgesamt also sechzehn kleine Quadrate haben. Aus der Zahlenreihe eins bis dreißig schreibt jetzt jedes Kind in jedes Feld eine beliebige Zahl. Jede Zahl darf dabei nur einmal verwendet werden. Der/ die Lehrer/in beginnt nun damit, nacheinander Zahlen aus dem Zahlenraum eins bis dreißig zu nennen. Die Kinder streichen die genannte Zahl durch, insofern sie diese aufgeschrieben haben. Sagt der/ die Lehrer/in also die Zahl „22“, können die Kinder, die die „22“ im Vorfeld aufgeschrieben haben, diese jetzt durchstreichen. Die anderen Kinder müssen auf die nächste Zahl warten. Der/ die Schüler/in, der/ die als erste/r eine komplette Reihe durchgestrichen hat, hat gewonnen. Dabei ist es egal, ob diese Reihe horizontal, vertikal oder diagonal zustande gekommen ist.

Übungen Für Kinder im Alter von 11 - 13 Jahren

Nummer 1 - Traumreisen

Die Schüler/innen setzen oder legen sich für diese Übung bequem hin und schließen die Augen. Der/ die Lehrer/in ist bei dieser Übung die Reiseleitung und liest den Kindern entweder fantasiereiche Texte vor oder spielt eine CD ab, bei der von einer traumhaften

Reise berichtet wird. Die Kinder konzentrieren sich dabei voll und ganz auf das Erzählte. Wichtig beim Vorlesen ist, dass die Reiseleitung mit sanfter und ruhiger Stimme vorliest und einen entspannten Rhythmus beibehält. Nutzen Sie gerne längere Pausen zwischen den einzelnen Gedanken, sodass die Kinder ausreichend Zeit haben, sich die beschriebenen Bilder vorzustellen und die imaginäre Welt zu erkunden.

Nummer 2 – Brainstorming

Teilen Sie die Klasse in kleine Gruppen von drei bis vier Schülern/innen ein. Der/ die Lehrer/in nennt den Kindern einen Oberbegriff, der zum aktuellen Unterrichtsthema oder zu einem freien Thema passt. Die Kinder beschriften nun in ihren Gruppen ein Plakat, in dessen Mitte der gewählte Oberbegriff steht. Alles, was den Kindern zu diesem Oberbegriff einfällt, können sie auf das Plakat schreiben. Zum Oberthema „Urlaub" passen Einfälle wie „Strand", „Pool", „Wasserrutschen", „Eis", „Ferien", „Flugzeug" und „Spaß". Zum Oberthema „Winter" eignen sich die Assoziationen „Schnee", „kalt", „Weihnachten", „Schlitten fahren", „Weihnachten", „Schneeballschlacht" und „Ski fahren".

Nummer 3 – Wer oder was bin ich?

Bei dieser Übung verlässt ein Kind (oder auch zwei bis drei Kinder, die ein Team bilden) den Klassenraum. Währenddessen überlegen sich die übrigen Kinder der Klasse eine berühmte Person, ein Tier oder eine fiktionale Figur. Das Kind, das am Anfang den Klassenraum verlassen hat, kehrt nun wieder zurück. Es muss jetzt durch Fragen, die von der Klasse nur mit „Ja" oder „Nein" beantwortet werden können, herausfinden, um welches Tier oder welche Person bzw. welche Figur es sich handelt. Sobald es einen Verdacht hat, darf es diesen selbstverständlich äußern. Die Klasse einigt sich beispielsweise auf das Tier „Löwe". Das Kind, welches die Übung lösen muss, fängt an, Fragen zu stellen. Stellt es die Frage: „Bin ich ein Tier?", muss die Klasse mit „Ja" antworten. Fragt das Kind: „Bin ich klein?", antwortet die Klasse mit „Nein". Das Kind weiß nun also, dass es sich um ein Tier handelt, das nicht klein ist. Daraufhin könnte es fragen: „Bin ich gefährlich?" und die Klasse antwortet mit „Ja". Das Kind kann solange fragen, bis es eine mögliche Lösung weiß. Dann fragt es: „Bin ich ein Löwe?" und die Klasse antwortet mit „Ja".

Nummer 4 - Würfelrechnen

Beim Würfelrechnen wird die gesamte Klasse in mehrere kleine Gruppen aufgeteilt. Benötigt wird ein Würfel. Gespielt wird jeweils in der Gruppe. Das erste Kind der Gruppe würfelt und spricht die gewürfelte Zahl laut aus. Das zweite Kind der Gruppe würfelt und addiert die gerade gewürfelte Augenzahl mit der bereits gewürfelten Zahl und nennt das Ergebnis laut. Das dritte Kind der Gruppe ist am Zug und addiert ebenfalls die neu gewürfelte Augenzahl zu dem vorherigen Ergebnis. Das erste Kind würfelt also zum Beispiel eine „5" und sagt diese Zahl laut auf. Das zweite Kind würfelt eine „3“ und muss nun im Kopf „5 + 3“ rechnen. Das zweite Kind sagt demzufolge also „8“. Das dritte Kind der Gruppe würfelt eine „2“ und muss nun im Kopf „8 + 2“ ausrechnen. Bevor das nächste Kind an der Reihe ist, sagt das dritte Kind laut „10“. Die Übung geht so lange, bis alle Kinder der Gruppe an der Reihe waren. Alternativ können auch mehrere Durchgänge gespielt werden, wobei die gewürfelten Zahlen jeweils weiteraddiert werden. So kann der Schwierigkeitsgrad der Übung ganz leicht erhöht werden.

Nummer 5 – Stadt, Land, Fluss

Jedes Kind zeichnet auf einem Blatt Papier mehrere Spalten entsprechend der gewählten Kategorien. Die Spalten beginnen mit den Begriffen „Stadt“, „Land“ und „Fluss“. Weitere beliebte Kategorien für die einzelnen Spalten sind „Tier“, „Pflanze“, „Name“ und „Beruf“. Ein Kind beginnt in Gedanken das Alphabet zu buchstabieren, wenn es bei „Z“ angekommen sein sollte, beginnt es wieder bei „A“. Ein anderes Kind sagt zu einem beliebigen Zeitpunkt „Stopp“. Wurde der Buchstabe bereits gespielt oder sollten sich alle einigen, dass er unspielbar ist, wird das Auswahlverfahren wiederholt. Der Buchstabe, bei dem das Kind, welches das Alphabet gedanklich buchstabiert hat, angekommen ist, ist der Anfangsbuchstabe der ersten Spielrunde. Sofort müssen alle Kinder versuchen, die Spalten der Tabelle mit passenden Begriffen auszufüllen, welche alle jeweils mit dem festgelegten Anfangsbuchstaben beginnen. Das Kind, das als erstes für alle Spalten passende Begriffe gefunden hat, ruft „Stopp“. Jetzt werden die Begriffe von allen Kindern verglichen. Jede Mehrfachnennung erhält fünf Punkte, für nur einmal vorkommende Begriffe gibt es zehn Punkte und für Begriffe, in deren Spalte alle anderen Kinder nichts gefunden haben, gibt es zwanzig Punkte. Zum Schluss werden alle Punkte addiert. Das Kind mit den meisten Punkten hat das Spiel gewonnen. Ist der Anfangsbuchstabe beispielsweise das „L“, müssen die Kinder versuchen, für alle Spalten Begriffe mit dem Anfangsbuchstaben „L“ zu finden. Städte mit „L“ wären „Leipzig“ oder „London“. Länder, die mit „L“ beginnen, sind „Luxemburg“ oder „Litauen“. Mögliche Antworten für einen Fluss, der mit dem Buchstaben „L“ beginnt, sind „Lahn“ oder „Lippe“. „Löwe“ oder „Lama“ wären Lösungen für die Kategorie „Tiere“ und „Lavendel“ oder „Lilien“ passen in die Spalte „Pflanze“. Für die Spalte „Name“ passen „Lisa“ oder „Leon“ und für „Landwirt“ oder „Logopäde“ bekommt man Punkte in der Kategorie „Beruf“. Gibt es mehrere Kinder, die in der Spalte „Stadt“ den Begriff „Leipzig“ stehen haben, bekommen alle diese Kinder jeweils fünf Punkte. Gibt es nur ein Kind, das dort das Wort „Leipzig“ gefunden hat, bekommt dieses Kind zehn Punkte. Hat nur ein Kind von allen ein passendes Wort, beispielsweise „Leipzig“ gefunden, bekommt es zwanzig Punkte.

Kinesiologie

(Denkblockaden lösen)

Die Kinesiologie ist eine vergleichsweise junge, alternativmedizinische Diagnose- und Behandlungsmethode, welche sich aus den Bereichen der Körpertherapie und der Chiropraktik entwickelt hat. Der Begriff Kinesiologie setzt sich aus den beiden Wörtern „Kinesis" (Bewegung) und „Logos" (Lehre) zusammen und bedeutet so viel wie „Die Lehre von der Bewegung". Da Bewegung jedoch nicht nur Einfluss auf das körperliche und seelische Wohlbefinden hat, sondern auch auf die Denkfähigkeit einwirkt, können durch die Kinesiologie auch Lern- und Denkblockaden gelöst werden. Darüber hinaus soll sie Stress abbauen und zur Erzeugung von Wohlbefinden beitragen. Man geht davon aus, dass die Kinesiologie aufgrund gewisser Muskelspannungen Rückschlüsse auf den funktionellen Zustand des Körpers gibt. Das Ziel der Methode ist es, Störungen und Disharmonien im Körper zu identifizieren und diese auszugleichen.

Die Kinesiologie macht sich dabei die Grundsätze der Traditionellen Chinesischen Medizin (TCM) zu Eigen. Dahinter steht die Vorstellung, dass die Gesundheit eines Menschen vom freien Fluss der Lebensenergie in den Energieleitbahnen, den sogenannten Meridianen, im Körper abhängt. Demnach speichert der Körper jedes Wissen und alle Erfahrungen ab. Ist eine Blockade im Körper gegeben, so ist der Energiefluss gestört. Aufgrund dieser Störung entstehen körperliche und seelische Beschwerden. Im Mittelpunkt der Kinesiologie steht der sogenannte kinesiologische Muskeltest. Er ist in diesem Kontext das wichtigste Werkzeug und fungiert als eine Art körpereigenes Feedback. Da die Kinesiologie auf der Annahme basiert, dass der funktionelle Zustand des Organismus mithilfe der Muskelspannung feststellbar ist, ist der Muskeltest in der Kinesiologie ein Instrument der Kommunikation mit dem Körper.

Der kinesiologische Muskeltest wird meistens als Armtest durchgeführt. An sich kann allerdings jeder Muskel als Indikatormuskel herangezogen und eingesetzt werden. Zur Durchführung des Tests streckt der/ die Patient/in einen Arm zur Seite aus. Nachfolgend stellt der/ die Therapeut/in eine Frage und versucht, den ausgestreckten Arm durch Druck auf das Handgelenk nach unten zu bewegen. Gewöhnlich sollte die Testperson dem Druck standhalten können. Bei Störungen lässt sich der Arm nach unten drücken. Die durch den Körper fließende Energie wird durch stressauslösende Faktoren blockiert und schwächt zudem alle Muskeln des Körpers.

Für die Wirksamkeit der Kinesiologie gibt es jedoch keine gesicherten wissenschaftlichen Beweise. Die Kinesiologie unterliegt viel Kritik, da die diagnostischen Erkenntnisse auf subjektiven Aussagen beruhen. Zudem wird vermutet, dass der kinesiologische Muskeltest beeinflussbar ist. Trotz dessen konnten viele Betroffene bereits von erfolgreichen Behandlungen berichten. Wenn Sie diese alternativmedizinische Diagnose- und Behandlungsmethode bei Ihrem Kind ausprobieren möchten, sollten Sie sich dafür im Vorfeld gründlich mit der Thematik und den Praktiken auseinandersetzen und eine/n Spezialisten/in aufsuchen.

Unabhängig von Kritik und Muskeltest können die Energieblockaden in den Meridianen jedoch durch bestimmte Übungen aufgelöst werden, sodass die Lebensenergie wieder frei fließen und Ihr Kind sich konzentrieren kann.

Brain Buttons

Unterhalb des Schlüsselbeins befinden sich Akupressurpunkte. Diese sind jeweils links und rechts vom Brustbein zu finden und sollten mit den Fingern intensiv massiert werden. Dabei sollte jeweils eine Seite nach der anderen massiert werden und die andere Hand flach mit geschlossenen Fingern auf dem Bauchnabel platziert werden.

Wasserzufuhr

Da der menschliche Körper zu rund 70 % aus Wasser besteht und dieses ein ausgezeichneter Leiter für elektrische Energie ist, sollte Ihr Kind unbedingt ausreichend Wasser trinken. Alle Aktivitäten im Gehirn und im Zentralnervensystem stehen in Abhängigkeit mit einer guten Leitfähigkeit. Wasserzufuhr steigert diese Leitfähigkeit.

Positive Points

Zur Entlastung bei Stress kann Ihr Kind mit den Fingerspitzen beider Hände zwei Punkte über den Augen, auf den Stirnbeinhöckern, massieren. Diese Punkte fühlen sich wie kleine Wölbungen an.

Schmetterling

Zur Beruhigung streckt Ihr Kind die Arme aus und kreuzt die Unterarme, wobei anschließend mit geschlossenen Fingern im Wechsel sanft auf die Schultern getippt wird. Wichtig dabei ist ein ruhiger und gleichmäßiger Rhythmus.

Liegende Acht

Für diese Übung begibt sich Ihr Kind in einen aufrechten Stand und malt mit einem Finger eine liegende Acht in die Luft vor sich. Die Ausführung der Bewegung sollte dabei ruhig sein und mit den Augen nachverfolgt werden.

Yogaübungen für Kinder

Yoga für Kinder verbessert zum einen das Konzentrations- und Denkvermögen und fördert zum anderen das Selbstbewusstsein sowie den Gleichgewichtssinn. Durch Yoga kann die innere Welt Ihres Kindes zur Ruhe gebracht werden. Yoga unterstützt den Körper bei der Durchblutung und versorgt das Gehirn mit Sauerstoff und lebensnotwendigen Nährstoffen. Es hat eine ausgleichende Wirkung auf den Körper und den Geist und hat sich als besonders hilfreich in Bezug auf die Konzentration, die Merkfähigkeit und die Kreativität erwiesen. Entspannung und Konzentration stehen – wie so oft vermutet – nicht im Gegensatz zueinander, sondern in einer Wechselbeziehung. Dies liegt darin begründet, dass Entspannung unter anderem die Konzentrationsfähigkeit steigert.

Nummer 1 – Der Baum

Diese Yoga-Übung unterstützt den Gleichgewichtssinn Ihres Sprösslings. Zu Beginn der Übung stellt sich Ihr Kind in einem festen Stand etwa hüftbreit auf. Dabei sollte ein fester Punkt fokussiert werden. Jetzt führt Ihr Kind die Hände vor der Brust zusammen und hebt einen Fuß und legt diesen entweder auf den anderen Fuß, aufs Knie oder stützt diesem am Oberschenkel ab. Dabei wird eingeatmet. Sobald Ihr Kind in einem festen Stand steht, hebt es langsam die Hände über den Kopf, sodass der Oberkörper gestreckt wird.

Nummer 2 - Der Knieplattler

Der Knieplattler verbessert nicht nur die Konzentrationsfähigkeit, sondern fördert zudem auch die Koordination und aktiviert die Verbindung zwischen der linken und rechten Gehirnhälfte. Zu Beginn stellt sich Ihr Kind mit beiden Beinen hüftbreit auf. Anschließend hebt es das rechte Bein und klatscht dieses mit der linken Hand ab. Danach wird wieder die Ausgangsposition eingenommen. Nun wird das linke Bein gehoben und mit der rechten Hand abgeklatscht.

Nummer 3 - Das Mut-Mudra

Das Mut-Mudra ist eine Fingeryogaübung, die Ihr Kind überall durchführen kann. Dabei wird der Daumen nacheinander mit den anderen vier Fingern einzeln berührt. Währenddessen kann Ihr Kind immer wieder positive Affirmationen aufsagen, wie zum Beispiel: „Ich bin voll konzentriert" oder „Ich schaffe das". Beim Aussprechen der Affirmation wird dabei für jedes Wort immer jeweils ein Finger berührt.

Nummer 4 - Die Sonne

Es ist früh morgens und die Sonne ist noch nicht aufgegangen. Ihr Kind sitzt in der Hocke und lässt Kopf und Arme locker runterhängen. Plötzlich geht die Sonne in der Ferne am Horizont auf und die ersten Sonnenstrahlen sind auf der Haut spürbar. Ihr Kind kommt in den Stand und führt währenddessen die Arme kontrolliert seitlich am Körper nach oben. Es streckt sich Richtung

Decke und atmet dabei ein. „Guten Morgen, liebe Sonne.“, hört man Ihr Kind sagen. Wenn nach einem langen und anstrengenden Tag die Sonne nun langsam wieder untergeht, atmet Ihr Kind aus und geht dabei wieder in die Hocke. Währenddessen werden die Arme seitlich am Körper nach unten geführt und Ihr Kind sagt: „Auf Wiedersehen, liebe Sonne.“. Ihr Kind stützt seine Hände auf dem Boden ab und lässt den Kopf kontrolliert nach vorne unten sinken. Bei dieser Yogaübung wird die Muskulatur Ihres Kindes aufgewärmt und der Kreislauf angeregt.

Nummer 5 – Der Hund

Ihr Kind verwandelt sich nun in einen Hund. Dabei kniet es sich auf den Boden und stellt beide Hände vor sich auf. Jetzt wird der Po so weit wie möglich nach oben angehoben, sodass sowohl die Arme als auch die Beine durchgestreckt sind. Der Po ist nun der höchste Punkt. Wenn Ihr Kind möchte, kann es auch einen echten Hund durch Bellen imitieren. Die Yogaübung dehnt die Beinrückseite und die Schultern und kräftigt die Rückenmuskulatur. Deshalb ist diese Übung besonders gut für Schulkinder geeignet.

Meditationsübungen für Kinder

Durch Meditation wird Ihr Kind auf Stress und Turbulenzen im Leben vorbereitet und bei der Entwicklung einer starken Persönlichkeit unterstützt. Eine tiefe und ruhige Atmung ist ein wunderbares Werkzeug, um Ängste, Stress und Nervosität zu verringern. Außerdem können Meditationsübungen richtig viel Spaß machen und Kinder bei psychischen und emotionalen Problemen unterstützen. Der Schlaf optimiert sich, das Immunsystem wird gestärkt und akademische Leistungen verbessert.

Nummer 1 – Die Ballonatmung

Die Ballonatmung signalisiert dem Körper Ihres Kindes, dass er sich entspannen kann, was dazu führt, dass sich die Atmung und die Muskeln Ihres Kindes lockern. Für diese Meditationsübung setzt sich Ihr Kind zuerst auf einen bequemen Untergrund. Der Rücken bleibt aufrecht, der Kopf geht gerade nach oben und die Brust ist geöffnet. Gerne kann Ihr Kind die Beine kreuzen. Die Hände legt es auf den Bauch, wobei die Fingerspitzen einen Kreis formen. Im dritten Schritt atmet Ihr Kind tief durch die Nase ein. Die Luft strömt direkt in Bauch. Er füllt sich mit Luft wie ein praller Ballon. Jetzt lässt Ihr Kind die Luft langsam wieder entweichen. Die Luft verlässt zuerst den Bauch und gelangt erst dann über die Lungen nach draußen. Diese Atemtechnik sollte Ihr Kind für etwa drei bis fünf Minuten lang machen. Einigen Kindern fällt die Ballonatmung leichter, wenn sie diese im Liegen ausführen. Dabei werden dann nicht die Hände, sondern ein Kuscheltier oder ein kleines Spielzeug auf dem Bauch platziert. Lassen Sie Ihr Kind beobachten, wie dieses sich nach jedem Atemzug auf oder ab bewegt. Die Ballonatmung ist eine super Methode, die sich besonders vor dem Lernen, einer Prüfung oder vor dem Schlafengehen eignet.

Nummer 2 – Klangspiele

Die Meditation macht sich die natürliche Anziehungskraft von Klängen auf den Menschen zunutze. Klänge lösen verschiedene Emotionen im Menschen aus und deren Schwingungen wird eine heilende Wirkung auf den Körper und den Geist nachgesagt. Klangübungen sind vielfältig, weil es so viele verschiedene Instrumente gibt. Klangschalen, Glocken, Zimbeln, Didgeridoos, Regenmacher und Klaviere sind hervorragende Instrumente, um schöne Klangspiele zu erzeugen. Wichtig ist, einen ruhigen und gemütlichen Ort zu finden. Suchen Sie sich ein Klanginstrument Ihrer Wahl aus und bringen Sie dieses mit an den Ort Ihrer Wahl. Die Regeln des Spiels sind einfach. Ihr Kind kann sich so bewegen, wie es möchte. Von Springen, Rennen und Laufen bis hin zu Tanzen, Kriechen oder Hüpfen ist alles erlaubt. Sobald der Klang des Instruments ertönt, bleibt Ihr Kind stehen, schließt die Augen und lauscht nur noch den Klängen des Instruments. Wenn der letzte Ton des Klanginstruments ertönt, kann Ihr Kind wieder die Augen öffnen und sich frei bewegen. Bis zu diesem letzten Ton bleibt es jedoch in einer starren Position. Sobald Ihr Kind die Regeln der Übung verstanden hat, können Sie mit dem Spiel beginnen und das Instrument in unregelmäßigen Abständen unterschiedlich stark anschlagen. Ihr Kind sollte den Anweisungen folgen und sich vollkommen auf die Klänge des Instruments konzentrieren. Wiederholen Sie diese Übung für mehrere Minuten. Dieses Klangspiel stärkt nicht nur das Gehör und die Konzentration Ihres Kindes, sondern hilft auch bei der selbstständigen Befreiung aus Erregungszuständen. Durch den konstanten Wechsel von Ruhe und Aktivität lernt Ihr Kind Selbstregulierung kennen.

Nummer 3 – Mandala

Meditatives Malen ist eine einfache Methode, um Kindern zu mehr Entspannung und zu weniger Stress und Ängsten zu verhelfen. Nicht nur bei Erwachsenen ist das Ausmalen von Mandalas beliebt, auch Kinder sind begeistert von dieser Methode, da diese von Problemen ablenkt und die Kreativität fördert. Im Hinduismus und Buddhismus sind Mandalas heilige Kreise. Sie existieren in verschiedenen Formen und Mustern und wirken schmerzlindernd. Um Mandalas mit Ihrem Kind malen zu können, können Sie einfach Ausmalbücher nehmen oder Bilder aus dem Internet herunterladen und diese gemeinsam mit Ihrem Kind einfärben. Hierfür eignen sich Buntstifte, Filzstifte oder Wachsstifte. Nachdem Sie schöne Motive gefunden und farbige Stifte besorgt haben, sorgen Sie für eine entspannte und ruhige Atmosphäre. Gerne können Sie leise Musik anmachen. Achten Sie zudem auf eine gute Beleuchtung. Nun kann Ihr Kind seiner Kreativität freien Lauf lassen. Alles ist erlaubt. Durch bewusstes Ausmalen und freie farbliche Gestaltung kann Ihr Kind in eine andere Welt eintauchen und seine Gefühle kommunizieren. Suchen Sie anschließend gemeinsam einen Platz, um das Meisterwerk aufzuhängen.

Nummer 4 – Steine

Da das Sammeln von Steinen sowieso ein Hobby vieler Kinder ist, können wir uns dieses auch einfach für die Meditation zunutze machen. Beim nächsten Spaziergang darf Ihr Kind deshalb ruhig mehr Steine sammeln. Die Größe oder Farbe der Steine spielt dabei keine Rolle. Wenn Sie wieder zu Hause angekommen sind, darf sich Ihr Kind einen Stein auswählen und sich einen gemütlichen und ruhigen Platz suchen. Dort untersucht Ihr Kind den ausgewählten Stein mit all seinen Sinnen und beschreibt ihn. Wie groß ist der Stein? Welche Farbe hat er? Wie ist der Stein geformt? Wie fühlt sich die Oberfläche des Steins an und wie sieht sie aus? Hat der Stein einen spezifischen Geruch? Können mit dem Stein Geräusche erzeugt werden? Ihr Kind könnte nach Betrachtung des Steins zum Beispiel sagen: „Der Stein, den ich mir ausgewählt habe, ist groß und weiß. Mein Stein ist ziemlich rund geformt und fühlt sich glatt er. An der Unterseite hat mein Stein ein kleines Loch, das man auch sehen kann. Mein Stein riecht nach Natur und wenn ich ihn gegen einen Gegenstand klopfe, kann ich Töne hören.". Am besten ist, wenn Ihr Kind während der Beobachtungsphase auch mal seine Augen schließt, damit die anderen Sinne geschärft werden. Nachdem Ihr Kind den Stein beschrieben hat, kann es sich eine Geschichte dazu ausdenken. Wo ist der Stein hergekommen und was hat er bereits erlebt? „Mein Stein war früher Teil eines großen Berges auf der anderen Seite der Welt. Nachdem der Wind einzelne Teile des Berges löste, fiel mein Stein ins Wasser und seine Reise begann. Im Ozean wurde er von einem großen Wal verschluckt, der den Stein bis an die Nordseeküste brachte. Ein Angler fand den Stein in einem der Fischernetze wieder und so landete der Stein bei seinem kleinen Sohn, der ihn später in einen Fluss warf …". Bei dieser Reise sind der Fantasie Ihres Kindes keine Grenzen gesetzt. Die Meditation mit Steinen ist eine tolle Übung für Kinder, weil sie einen Gegenstand haben, den sie greifen und fokussieren können. Das fällt vielen Kindern leichter als Übungen ohne greifbare Gegenstände.

Nummer 5 – Die Weltraumfahrt

Bei der Weltraumfahrt legt sich Ihr Kind zunächst auf einen bequemen Untergrund und schließt die Augen. Es stellt sich vor, dass sein Körper ganz leicht wird, und zwar so leicht, dass dieser nichts mehr wiegt und einfach in die Luft schwebt. Der Körper ist schwerelos und transparent und gleitet durch den ganzen Raum. Er fliegt so weit nach oben, dass er den Planeten Erde verlässt und ins Weltall schwebt. Ihr Kind genießt das

Gefühl von Leichtigkeit und Freiheit. Nicht nur der Körper, sondern auch der Geist fühlt sich frei und leicht an. Ihr Kind fliegt noch ein Stück weiter auf einen anderen noch unerforschten Planeten. Alles sieht ganz anders aus als auf der Erde, aber es ist schön und sicher und Ihr Kind fühlt sich wohl. Nachdem einige Minuten in der Galaxie und auf dem neuen Planeten vergangen sind, fliegt Ihr Kind langsam wieder zurück zum Planeten Erde und in den Raum, in dem es sich befindet. Der Körper wird wieder fester und schwerer. Die Zehen und die Finger können langsam wieder bewegt werden und die Meditation neigt sich dem Ende zu. Fragen Sie Ihr Kind, wie die Reise in die Galaxie und zu einem anderen Planeten war. Ihr Kind kann nun diese Reise und die Erfahrung beschreiben und dabei nicht nur erzählen, wie es sich angefühlt hat, sondern auch, was es gesehen hat.

Impressum

2. Auflage

Bildnachweis

Coverabbildung: Depositphotos

Das Werk, einschließlich seiner Teile, ist urheberrechtlich geschützt. Jede Verwertung ist ohne Zustimmung des Verlages und des Autors unzulässig. Dies gilt insbesondere für die elektronische oder sonstige Vervielfältigung, Übersetzung, Verbreitung und öffentliche Zugänglichmachung.

© / Copyright: 2021 Lea Zimmermann, Seitenberggasse 51, 1160 Wien

Der Inhalt dieses Buchs wurde mit großer Sorgfalt geprüft und erstellt. Für die Vollständigkeit, Richtigkeit und Aktualität der Inhalte kann jedoch keine Garantie oder Gewähr übernommen werden. Der Inhalt dieses Buchs repräsentiert die persönlichen Erfahrungen und Meinung des Autors und dient nur dem Unterhaltungszweck. Der Inhalt sollte nicht mit professioneller Hilfe verwechselt werden. Es wird keine juristische Verantwortung oder Haftung für Schäden übernommen, die durch kontraproduktive Ausübung oder durch Fehler des Lesers entstehen. Es kann auch keine Garantie für Erfolg übernommen werden. Der Autor übernimmt daher keine Verantwortung für das Nicht-Erreichen der im Buch beschriebenen Ziele.

Alle Rechte vorbehalten

Printed in Poland
by Amazon Fulfillment
Poland Sp. z o.o., Wrocław

74162657R00063